江苏、浙江、上海——

这里是粉墙黛瓦、杏花春雨的江南

这里博物馆的馆藏占据了中国文物界的半壁江山

新石器时期的河姆渡文化、良渚文化

奠定了江南文化艺术的最初的基调

越窑秘色瓷、官窑、哥窑、龙泉窑……

这里瓷器烧制名震四方

"南宋四家""元四家""吴门画派""扬州八怪"……

这里书画艺术登峰造极

博物馆里的中国历史

纸上看世界

罗米 著

图书在版编目（CIP）数据

博物馆里的中国历史.纸上看世界/罗米著.-- 北京：天天出版社，2020.10
ISBN 978-7-5016-1647-3

Ⅰ.①博… Ⅱ.①罗… Ⅲ.①博物馆—历史文物—中国—少儿读物 Ⅳ.①K87-49

中国版本图书馆CIP数据核字(2020)第179918号

从哪里来,到哪里去?

网上流传着一个段子,说北大校门口站岗的保安是最有思想的人,因为面对每个进校的人,他们都会追问三个问题:你是谁?你从哪里来?你到哪里去?

这其实也是我们人类孜孜以求数千年的终极问题!

回答北大保安的问题不用费力,但想找到这"终极三问"的答案却很难。

不过,当我们走进博物馆,大概会发现自己离答案近了一点。

初进博物馆,站在拙朴恢宏的陶器、青铜器面前,站在巧夺天工的玉器、瓷器面前,站在萧疏简淡的文人书画面前，我们首先感受到的是中华民族的想象力可以达到何等的广度，创造力可以达到何等的高度，思维可以达到何等的深度。国宝、文物、艺术品，它们多么令人震撼、令人敬畏！

如果你能放下这样的思想包袱，真正走近它们，与它们对话，你会发现它们比想象的要亲切得多。你看，七千年前的杯盘碗盏，它们的样式和我们今天使用的几乎一样，作用当然也基本相同；三千年前刻铸了主人名字的青铜礼器，与我们今天的"高级定制"何其相似；至于书法和绘画则更让人备感亲切，我们几乎人人都参加过相关的兴趣班，感受过一番笔墨涂抹的乐趣。如果你愿意寻找，还可以发现更多活泼有趣的古今共同点：史前的一只陶壶把上刻着两个点和一条上翘的弧线，这不正是今天电脑上的笑脸符号吗？汉代的百戏陶俑耸肩吐舌，活像表情包……

为什么历史会有这样神奇的重现？为什么我们接受它们毫不费力？

因为人同此心啊！

虽然我们与创造它们的祖先隔着千百年的光阴，但血脉相连，思想相通，文明薪火相传。在某一瞬间，我们会因为读懂了古人的心思而莞尔一笑；在某一瞬间，似乎我们体内沉淀的古老记忆被突然唤醒，以至于心跳加速、热血奔涌。

个人的情感体验，就在博物馆中不知不觉得到了丰富和升华，像有一种神秘的力量吸引着你去探索自己的内心，让你变得丰富而有趣，坚定而有力。

这种感觉，如此幸福，令人陶醉。

当然，如果你储备了更多历史文化知识，这种幸福感会来得更加强烈。

每件文物都是政治、经济、科技、文化、艺术在某个时间节点上的交汇与融合，它背后关联的是鲜活的人和具体的事，是绵延的时间和宏阔的空间。我们可以还原这些文物背后的历史场景，理解我们祖先的喜怒哀乐，明白他们一路走来的选择与艰辛，以及他们憧憬要去的地方。

其实,他们就是我们。

我们了解得越多,越能明白我们是谁;我们了解得越多,越能感受到来自文化深处的神秘力量,它让我们内心强大,无所畏惧。

再回到本文开头那个问题,我们是从哪里来的,要到哪里去?相信这一刻,也许你心中已有了答案。

经常出入博物馆,三千里江山在眼前铺陈,五千年文化在心头奔流,耳濡目染与潜移默化中,自然胸怀博大、格局宽广、眼界高远。这样的人,往往内心坚韧、步履从容,所行之路,无论平坦坎坷,必定有星辰大海相伴。

拥有如此灿烂的文明是一个民族何等的幸事,能亲近这些文化遗产,又是何等美好的体验啊!齐白石老人曾说"万物过眼皆为我有",所以,只需要进入博物馆,去看见,去体验,你便能轻松拥有这一切,世界上还有什么样的财富能比得上这些遗产的万分之一呢?

在写下这套书之前，我就无数次感受过这样的幸福，拥有了数不尽的财富，因为我走过大大小小数百家博物馆，与无数艺术珍品相遇。现在，我想通过这套书，把这些幸福和财富与你分享。

这套书涵盖了中国大部分省份的重要博物馆，介绍每个馆内独具代表性的文物，透过它们，我们可以看到各个地域的独特风情，如中原的庄严、楚地的浪漫、江南的灵秀、大漠的苍凉、岭南的活泼、草原的粗犷……这些文物往往也能代表一个时代生产力发展的极致水平。

在分册安排上，除故宫单列一册，其他省份按地域划片，分为五册。由于文物数量太多，对要介绍的文物实在是很费了一番取舍，基本原则就是尽可能多地覆盖时代、地域、门类、创作者和博物馆，尽可能选择我们更熟悉的文物，尽可能将具有代表性的重点文物讲透，以便读者能从一件文物上了解一类文物，了解当时的历史文化。

这套书是一个引子，引发你的好奇心，让你产生亲眼一见这些历史文物的冲动，并能为你提供一些知识辅助，让你的参观过程更加丰富有趣、收获满满。某一天，当你走进博物馆，与这些作品真正面对面时，你会怦然心动，产生一种久别重逢的熟悉感，那便是我最期待的事。

2020 年 4 月于北京西山

目录

原始社会	猪纹陶钵 ……………………………	001
原始社会	良渚玉琮王 …………………………	007
西周	海内三宝 ……………………………	014
战国	商鞅方升 ……………………………	025
南朝	竹林七贤与荣启期画像砖 ………	031
宋	龙泉窑公道杯 ………………………	052
元	渔庄秋霁图 …………………………	059
元	七君子图 ……………………………	070
元	渔父图卷 ……………………………	082
元	墨梅图轴 ……………………………	099
明	大报恩寺琉璃塔拱门 ………………	111
明	秋风纨扇图 …………………………	121
明	坤舆万国全图 ………………………	137
明	黄花梨木圆后背交椅 ………………	151

清	鱼鸭图卷	159
清	千岩万壑图	173
清	太白醉酒图	186
民国	宁波万工轿	194
民国	鼎盛图	202
民国至现代	南通博物苑	211
现代	苏州博物馆	221

原始社会

猪纹陶钵

一只从田野走向餐桌的可爱小猪

猪是我们的祖先最早驯化的家畜之一，比起种植小麦等粮食作物，我们驯化猪的历史要悠久得多，生活在距今大约九千年前的原始人类就已经开始饲养家猪了！

不仅如此，在华夏文明当中，猪也称得上和我们关系最为密切的动物。现代汉字"家"的偏旁下是个"豕"，这个"豕"正是"猪"的意思。

作为如此亲密的"朋友"，原始人类也就在许多地方记录下了它们的身影。出土于河姆渡文化遗址中的这只小猪，无论是年代还是造型，都在众猪中格外醒目。

河姆渡文化是距今约七千年的新石器时代文化，位于现在的杭州、宁波一带。这里水脉丰富、泥沙沉积，肥沃的土地很适合农耕发展，这里也是世界上最早栽培水稻的区域之一。

稳定的收成，相对宜居的生活环境，再加上不断发展的牲畜驯养，原始农业文明就这样发展起来了。

想来，猪的驯养在河姆渡原始人的生活当中一定是件重要的事，所以他们才会专门把猪的样子刻画在一

猪纹陶钵 | 003

猪纹陶钵
新石器时代
浙江省博物馆

只黑陶钵上。

　　这只猪的形态生动,富有稚气和趣味。从它长而尖的吻部来看,这应该还是一只没有被完全驯化的野猪,它的身形矫健,四条腿细长轻灵,并不像后来的家猪那样臃肿。猪的鬃毛很硬,又短又粗地排列在背上,像是一排尖刺,带着不可亲近的桀骜。这只猪低着头,

猪面纹彩陶壶
新石器时代
甘肃省博物馆

眼睛夸张地圆睁着,像是在仔细地觅食,又显出几分警惕,看样子,这绝不是一头甘被驯养的"懒猪",而是一只生命力旺盛、带着未泯野性的猪。这样活泼有趣的猪,实在让人无法和后来那些形容猪的贬义词联系起来。

其实,我们的祖先对猪一直是很喜爱的,甚至算得上是很尊重。比如他们会用猪头作为重要的祭品,在

猪尊
西周
山西博物院

十二生肖里，猪也有一席之地。猪八戒更是最有知名度的文学形象之一。

猪的造型在我们的艺术品中也很丰富，陶器、玉器、青铜器等等，都不乏它的身影。

原始社会

良渚玉琮王

祭祀土地的至宝

在原始时代，不管是生活在哪片区域的先民，仿佛都得到了某种共同的启示，他们不约而同地开采制作玉器，并把玉视作带着神秘气息的灵物，借由玉的力量用来沟通天地、展现权力。

不过，不同的文化形态，玉器的样式各有差别。北方的红山文化里以蜷曲的玉龙最有代表性，安徽的凌家滩文化中最醒目的玉器则是带着一轮太阳的玉鹰，到了以现在浙江杭州为中心的良渚文化里，最典型的器物则是玉琮（cóng）。

"琮"是一种内圆外方的筒形玉器。根据《周礼》所载的"以苍璧礼天，以黄琮礼地"来看，这种玉器是用来作为祭祀天地的礼器，在玉器当中地位是相当高的。

良渚文化距今大约八千年，在当时已经具备了组织度极高的社会形态。从考古学家们已经掌握的资料中，我们知道那里还建有巨大的城池、建筑和水利工程，光是遗迹就将近三百万平方米，有二十至六十米宽的城墙，良渚修建的这些工程具有很高的科技含量，其规模和建造技术在当时都居于世界极为领先的水平。可想而知，这里的文明程度相当高，出土的玉器数量庞大、制作精美，而且种类相当丰富。

而玉琮又是其中最引人注目的代表器型。

作为高级礼器，玉琮的出土地都是首领的墓地。这些原始社会的首领也可能兼任着部落祭司的职务，所以当他们长眠于地下时，这些祭地的玉琮也就伴随在他们左右了。

良渚玉琮中体形最大、最重的一件通高8.9厘米，重6.5公斤，实在是一件难得的宝物。当然，除了大得足以称王，更重要的是它的做工在所有出土的玉琮当中也尤为精美。这件玉琮的四面刻有八个完整的神人兽面纹，这些纹饰在良渚出土的其他玉器上也常可见，因此又被称为"神徽"，这些神徽才真正让它显出不可比拟的王者风范。

仔细看就会发现，这些神徽拥有令人惊诧的细节，

良渚玉琮王
新石器时代
浙江省博物馆

良渚玉琮王上雕刻的图案

在距今五千年前的原始时代，能把坚硬的玉石加工到这样细致的程度，本身已经是了不起的奇迹。

神徽由人和兽组合而成。人的头部和兽的面部是凸起的浮雕，而人与兽的肢体则是用极细的线刻出来的，这些比发丝还要纤细的线条排布繁密整齐，极富韵律感。

神徽上雕刻的人或许是神，也或许是祭司，他戴着足有自己头部两倍大的巨大羽冠，显得辉煌盛大、神异非凡。他张开双臂牢牢地控制着身下的异兽。这只异兽的身形不太容易辨认，最突出的是两只鼓突的眼睛，以及巨大的鼻子和嘴，看上去样子很是狰狞。它尖利的爪子是用线刻的，合拢收在嘴下方，像是匍匐着等待背上的主人发号施令。

不过，这一人一兽的组合图案究竟是什么含义，大家也实在是难有定论。当然，作为某种徽记或者图腾，似乎也应该带着些难以捉摸的神秘感才好。

实际上，不只图案的意义众说不一，连良渚文化玉

兽面纹玉冠状器
新石器时代
浙江省文物考古研究所

请注意钺的左上角有神徽,而左下
角则有一个鸟纹。

玉钺
新石器时代
浙江省博物馆

琮的功能，学术界也众说纷纭。

　　玉琮是一种礼器，这一点毋庸置疑，只不过有人认为是生殖崇拜的对象；有人认为是沟通天地人神的媒介，尤其是它外方内圆的形状与古人"天圆地方"的观念很一致；有人认为它是宗庙祭祖的凭依之物；还有人认为琮内的圆孔象征黄泉，是神明出入的通道……

　　各种猜测似乎都有道理，说法越多，越显得这玉琮的神异难测。

　　这件玉琮如此规整庄严的器型和上面精美的图案，原始先民到底是用什么工具制作出来的呢？现代人进行了合理的推测，认为用的是比玉硬的玛瑙、金刚砂等等，当然，还有经年累月的耐心劳作。

　　2019年，良渚文化遗址成功申请了世界非物质文化遗产，除了有赖于其规模惊人的古城建筑和水利工程，同样离不开这些玉器所代表的技术水平和文明程度。

西周

海内三宝

西周的三件大宝鼎

一提到文物宝藏，我们总是会自豪于华夏文明的悠久历史与灿烂文化，也正因为如此，想要为悠悠历史长河中的宝贝们"论资排辈"就成了格外困难的事情。想要力压众宝脱颖而出，必定得有不凡的身世。

最后夺魁的，是西周的三尊鼎。这三尊鼎拥有"海内三宝"的称号。

商晚期到西周是我国青铜器发展的巅峰，而鼎又是青铜器中地位最高的礼器，所以这样的评选结果实至名归。

这三尊鼎分别是大克鼎、大盂鼎和毛公鼎，都在晚清时出土于陕西宝鸡，这里正是当年西周的京畿重地，"海内三宝"的名号其实并不是现代考古学家起的，而是清代人封的。

原始社会解体后，中国进入奴隶制社会，相继建立夏、商、周三个王朝，这是青铜器铸造最辉煌的时期，也称为"青铜时代"。其中西周的鼎无论从数量、重量，还是造型、纹饰上来综合衡量，都是同时代的佼

大克鼎
西周
上海博物馆

佼者。

这"三宝"当中重量最大的是大克鼎，重达二百多公斤，铸造于西周晚期。鼎越重，铸造难度也越大，当然也就越显得鼎的浑厚庄严。而鼎上那精细流畅的纹饰又让它显得很舒展。

商代最流行的兽面纹在西周铸造的鼎上仍然清晰可见。在鼎的口沿下方那一圈，以凸起的小扉棱为中心，可以看到神兽炯炯有神的双眼，但神兽的造型风格并不像商代那样狰狞可怖，因此也丝毫不会令人感到害怕。

大克鼎鼎腹的主纹饰像是起伏的波涛，这叫作窃曲纹，由鸟纹和龙纹衍化而来，仔细看还依稀能分辨出一点原形的影子。

这样大的鼎是分块铸造的，所以块和块之间拼合的时候留下了浇灌铜水的范线。大克鼎的范线相当细，不仔细看几乎看不到，这也是当年的铸造工艺登峰造极的重要例证。提示你一下，在那小小的、鼓突的扉棱下面可以找到它的痕迹。

光看外壁肯定是不够的，大克鼎能够入选"三宝"，那肚子里还得有点"干货"——鼎腹内的铭文。

铭文分两段，共计28行，290字，记录的是铸鼎的名叫克的贵族，凭着先祖的功绩受到周王的策命和封赏，获得了大量土地和奴隶。由于铭文所记录的内容涉及了西周时期的职官、礼仪、土地制度等等，所以对我们研究当时的历史、文化具有相当重要的价值。

大克鼎的铭文字体优美圆润，结构舒展端庄，字与行的间距排布也相当规整和谐，从艺术角度来看也称得上超凡，确实担得起"海内三宝"的名号。

大盂鼎比大克鼎稍小一些，重153公斤，但铭文有291个字。铭文内容是周康王向铸鼎的盂这个人讲了他的先辈文王、武王立国的经验，而商代则是因为商人嗜酒最后亡了国，所以周康王告诫盂要谨记这个教训。周康王还赐给盂用于祭祖的酒和祭器以及命服、车马、旗帜、官员和平民等，让他尽心尽力辅佐王室。

大盂鼎的铭文字体质朴庄严，书法成就在当时的青铜器中屈指可数。

不过大盂鼎的纹饰比起大克鼎更素朴些,只有口沿下方有一圈兽面,比大克鼎上的兽面显得更写实一些,也更恐怖一些。大盂鼎是西周早期的作品,越接近商代,兽面的形象就越恐怖。

大盂鼎
西周
中国国家博物馆

毛公鼎内壁铭文（拓片）

毛公鼎
西周
台北故宫博物院

到了毛公鼎，铭文称得上一骑绝尘，达到了不可思议的500个字，是迄今为止西周青铜器上最长的铭文。

毛公鼎铸造于西周晚期，鼎的形体更小，重量更轻，只有34.5公斤。小小的鼎里要承载这么多铭文，更显得它的珍贵难得。

毛公鼎外壁只有一圈简单的重环纹，十分素雅，如果用西周早期喜好丰富隆重的审美来看，它确实显得有点"寒碜"，但毛公鼎的艺术成就全在铭文上。

铭文的内容讲的是周宣王请自己的叔父毛公为其治理国家内外的大小政务，最后对毛公大加赏赐，毛公于是铸鼎传示子孙。

毛公鼎的铭文书法比起大克鼎更加成熟，尽显当时流行的大篆书体的全部魅力。且不说字体圆润精严、浑凝拙朴的功力，单说要在这仅27厘米深的鼎腹内铸刻五百个字，章法布局也足够考验功夫了。

毛公鼎的铭文从书法艺术的角度来说，只有"完美"二字送给它。

你或许已经发现了，关于这三尊鼎，我说得最多的是它们的铭文。"海内三宝"能够被赋予这样高的地位，在很大程度上正是因为这些铭文。

清代中晚期流行一种学问叫作金石学，以古代的青铜器和石刻碑碣为主要研究对象，以它们上面的刻字来补充史料。清代学者们格外看重青铜器上的铭文，所以，铸刻有铭文，尤其是长篇铭文的青铜器，身份就越来越高了。

随着金石学的流行，这些青铜器上的铭文被制成了拓片，又成为书法家们追捧和学习的对象。所以铭文的艺术水准越高，青铜器本身自然也就越受人珍重了。

中国有许多青铜器都是在晚清民国这一时期流失海外的，其中有个特别的现象：外国人更喜欢铸有动物形象或者纹饰丰富的青铜器，而我们中国人则更宝重铭文多的。因为我们更看重的是史料，外国人看不懂字，也没有兴趣研究我们的古代历史，所以也就只能从外观上来选择了。

说起青铜器的流失，这三宝可谓命途多舛。

这三件宝物一出土就引起了各方的觊觎。尤其到了抗战时期，日寇对我们文物的抢夺更是疯狂，这名声显赫的"海内三宝"也成为日寇打探的重点。

毛公鼎一开始被藏在上海，1941年被秘密带往香港地区，香港沦陷后，毛公鼎又被辗转带回了上海。抗战胜利后，毛公鼎被捐献给政府。1948年，宝鼎被带到台湾，现在是中国台北故宫博物院的镇院之宝。

大盂鼎和大克鼎的遭遇更惊险。

大盂鼎于道光年间出土，后被左宗棠赠给曾搭救过他的潘祖荫。

后来，大克鼎出土，潘家又斥重金购得。一时间，大盂鼎、大克鼎这两件周朝最大的青铜器齐聚潘府，轰动一时。二鼎后被运回潘氏苏州老家，不轻易示人。

从清代到民国的这段时间，两尊宝鼎先被位高权重的高官端方极力谋取，后又有美国藏家重金求购，还有国民党官员阴谋贪求，但还好有惊无险，潘家最终将它们力保下来。

最大的危险还是来自日寇。苏州沦陷后,潘家撤离苏州,只得将宝物掩埋入土,日军到潘家搜查,掘地三尺未果,只得作罢。

新中国成立后,潘家于1951年7月6日写信给当时的华东文化部,希望将大盂鼎和大克鼎捐献给国家。

这确实是了不得的大义之举!

1952年上海博物馆落成,大克鼎和大盂鼎藏入该馆。

1959年,中国历史博物馆,也就是现在的中国国家博物馆开馆,上海博物馆将大盂鼎支援到了北京。

毛公鼎现在虽与这"两宝"隔海峡相望,但它一定期盼着归来团聚的那一天。

我们自古有"重器不出门"的说法,这"海内三宝"自然是当之无愧的重器,还好,它们虽然历尽劫难,虽然两岸分离,但毕竟它们还是都被留在了家里。

战国

商鞅方升

度量长短，权衡轻重

有个厨房里的老笑话。

说德国人特别讲究精确，厨房里都摆满了量杯、天平、计时器，什么食材作料都务必精确到克，结果做出来的菜却相当难吃。所以他们特意买了中国菜谱回去研究，结果却无从下手，因为菜谱上所有的作料都写着少许，让他们无所适从。

于是有人以此嘲笑外国人刻板，而欣赏中国人圆通；也有人一本正经据此说外国人精确严谨，喜欢量化，而批评中国人的模糊和不严谨。

其实，要说起来，我们确立统一度量衡的时间，比西方可要早得多。

度——计量长短用的器具；

量——测定计算容积的器皿；

衡——测量物体轻重的工具。

度量衡在生活当中必不可少，要想避免混乱，必须有明确统一的标准。这种标准的制定和颁行，是一个国家经济生活当中的大事。

"司马成公"青铜权
战国
中国国家博物馆

铭文记载此权一百二十斤,实际重 30350 克。

青铜量
秦
中国国家博物馆

"王"青铜衡
战国
中国国家博物馆

衡杆的长度相当于战国时的一尺。

早在原始社会末期，就产生了度量衡的萌芽。据传说，舜统一音律和度量衡；禹以自己的身长和体重分别作为长度与重量的标准。

到了商代，已经有明确的度量衡器制。周代的青铜器上，已经出现了明确的计量单位。

进入春秋战国时期，各诸侯国纷纷制定自己的度量衡标准，并且制作不同单位的标准器，确立进制，用来丈量田地、征收赋税。

当时的赋税不是货币，而是谷物之类的农产品实物，量器便是用来计算的工具。量器有许多不同的单位，比如升、斗、斛、豆、区、釜、钟等，其中最常用的就是升，直到现在，我们日常还在频繁使用升这个单位。

秦始皇统一中国之后有几项重大的统一举措，统一文字、度量衡是其中影响最大的两项。它们都是沿用战国时期秦国的标准，而这一套标准，早在商鞅变法时就开始确立。

商鞅方升
战国
上海博物馆

公元前350年，商鞅变法改革了户籍、土地、军功爵位、税收等重要制度，度量衡的改革也正在此列。

由于当时是分封制，卿大夫们在各自的领地内也会使用自己的标准——"家量"，所以即使是一个诸侯国内部，度量衡也极不统一。为了便于管理，商鞅监制了一批规格标准的量器分发到全国，在全国严格推行统一的度量衡制。

我们现在看到的商鞅方升正是当年的一件标准器。

现存这件方升高2.32厘米，通长18.7厘米，经过测算，那时一升的容量大约相当于现在的202毫升。

当年的度量衡尺寸都比现在的要小很多。据考证测算，秦的一斤约等于我们现在的250克，一尺为23.1厘米，一升为202毫升，所以古代小说中常常描述一个人身长八尺，如果按现在的算法得到2.6米，用古代的标准，实际大约是1.9米。

秦代制定的度量衡标准一直通行到汉末，三国两晋南北朝时期社会动荡，政权更迭频繁，且多民族交杂，度量衡的标准也随之发生了巨大的变化，直到隋朝才得到再次统一。

到了唐代，国家对度量衡严格管理，除了颁发标准器，还制定了源于度量衡的法制管理条文。后世各朝都依唐律，由政府制定标准器，定期检查，并且严禁私自制造计量器具。

度量衡既代表着权力，又象征着公平。

我们现在使用的许多词语，都来自度量衡，比如准绳、权衡、规矩，都是格外严正凛然的大词。

南朝

竹林七贤与荣启期画像砖

魏晋名士真风流

比起"形单影只"的奇数，华夏民族似乎更喜欢"好事成双"的偶数，对四平八稳大团圆有一种特别的爱好和期待，所以非得凑上四个一桌八个一队才觉得妥帖安稳，不过这样的"凑人头"有时候很有点强行组队的意思，最著名的就是"竹林七贤"。

竹林七贤是历史上少见的奇数组合。

本来这种奇数组合已被众人接受，但到了南北朝时期就有人横看竖看觉得不对劲，于是强行给竹林七贤里塞入了一个名叫荣启期的人，生生凑成了八位，再把他们的画像烧在砖上，砌进了南朝帝王的大墓里，组成了著名的《竹林七贤与荣启期》。

要说起来这个组合真够奇怪的，荣启期是春秋时期的隐士，比"七贤"早了大约五百年，偏要选他前来组队，这"7+1"的组合究竟有何玄机？

我倒是很愿意翻翻竹林七贤的"个人简历"，带着大家一起找找答案。

"竹林七贤"是嵇康、阮籍、山涛、向秀、刘伶、

竹林七贤与荣启期画像砖(拓片)
南朝
南京博物院

王戎及阮咸七位，主要活跃在魏晋交替的时代。这"七贤"之间的关系不错，他们经常聚在一起喝酒。关于他们称号中"竹林"的来历，有人说是因为七贤经常聚会的地点是在竹林，也有人说竹林是托名佛教中的"竹林精舍"。不管到底为什么冠以"竹林七贤"的名号，这几位"酒友"就这样被凑成了组合。

当然，他们名为"七贤"肯定不是因为酒量大，而是因为个个才华过人，精于玄学，加上他们的行为也都很"古怪"，说白了就是不拘礼法、行事不羁、相当任性，所以在当时名气很大，大到当权的司马氏都要去拉拢他们。

司马氏是曹魏后期得势的权贵，最后夺权建立了西晋，在七贤活跃的时代，他们实际上已经执掌了曹魏的政权。

七贤当中有些人与曹魏政权有较深的关系，有些人则因看不惯司马氏篡权而归隐，所以他们与司马氏之间也存在着比较大的冲突。

竹林七贤中最著名的代表人物嵇康，与司马氏的冲突最大。

嵇康的身份十分特殊，因为他娶了曹操曾孙女长乐亭主为妻，所以他是曹魏宗室的女婿。并且，嵇康在当时的士子当中有很强的号召力，司马氏是愿意拉拢他的，只不过嵇康断然不愿合作，所以在当时司马氏看来就显得很"刺眼"。

为了远离威胁，嵇康只好隐居起来喝酒，再就是弹琴吟诗、炼丹服食，表面上看来这真是神仙般的日子，但他内心的恓惶惨淡却难为外人道。

尽管嵇康极力避世，却也总避不开有意想要置他于死地的人，常有人来打探他的心思，监视他的举动，所以嵇康常常闭口不言。即使这样，他的一举一动却仍被编派成了罪状。

嵇康有一项特别的爱好就是趁着酒劲儿打铁，短衣小褂大汗淋漓。也不知是不是因为嵇康内心太过苦闷，感到人生的无奈，便要靠这扎扎实实的一锤又一锤得以稍稍的排解。

　　许多人听到嵇康的这个爱好,便很容易把嵇康想象成个大老粗,那可真是大错特错了。史书记载嵇康:"身长七尺八寸,美词气,有风仪,而土木形骸,不自

嵇康

藻饰，人以为龙章凤姿，天质自然。"

你看，全是风华俊朗的好词。翻译过来就是相貌英俊，身形挺拔俊秀，气质不凡，而他自己却并不把这些外在的东西当回事。

这绝不是史书有意抬高，因为当年为嵇康行容举止倾倒不已的大有人在，各种赞美不绝于耳。《世说新语》上也有一段形容他行容举止的话："嵇叔夜之为人也，岩岩若孤松之独立；其醉也，傀俄若玉山之将崩。"

总之，玉树临风就是他本人。

不过，嵇康在当时受到追捧并不是因为外貌出众，他的才华太多、本事太大，令人折服。

在当时，他算是文坛魁首，他的文章清峻任气，还带着一股自然的豪迈，称得上文如其人。他还深通音律，不仅会弹琴，而且还有很深的理论水平，写过音乐理论著作《琴赋》和《声无哀乐论》，也成为中国美学史上的名篇。

在这套《竹林七贤与荣启期》的画像砖上，工匠就将嵇康的形象塑造成挥弦弹琴的样子。嵇康写过一首四言诗《赠秀才入军》,其中"目送归鸿,手挥五弦。俯仰自得,游心太玄"这几句,正与画像砖上塑造的形象匹配。

在当时最流行的玄学清谈领域,他也是顶尖高手,更别说在医学、书法等各门各类都做到了出类拔萃。

在战争丧乱、权力纷争的魏晋时代,嵇康这样的人,无疑是上天遗落在人间最璀璨的珍宝。这也就可想而知他必定会遭遇他人的嫉妒与憎恨。

嵇康很清楚自己的境遇危险,所以他极力避世,低调归隐。但无奈他的名声太盛,来拜望的人仍然很多,其中就有当时如日中天的新贵钟会。嵇康最后也因为行事耿直刚正得罪了钟会而遭谗被杀。

如果嵇康行事圆滑一些,再去结识些权贵,便可高官厚禄、享年长久,但如果这样做,嵇康也就不再是嵇康了。同为七贤之一的好友山涛曾经劝他出山,结果嵇康写下了名篇《与山巨源绝交书》以表明自己决绝的归隐。

说来，只因为他是嵇康！

所以他面前只有一条路，他从不纠结，也不必选择。

很快，就迎来了大结局。也因为他是嵇康，所以连他生命的最后一刻都格外与众不同。

行刑当日，三千名太学生集体为他请愿以求免死，但朝廷对嵇康的影响力却更加忌惮。

临刑前，嵇康端坐如常，只取来古琴抚了一曲《广陵散》。曲毕，嵇康没有说其他话，只惋惜道："《广陵散》于今绝矣！"说完后，从容就戮，时年三十九岁。

昼短苦夜长的魏晋时代，他便是这绚烂而短暂的烟火。

在当年，这样的人物不只嵇康一位，还有一位和他的名气不相上下，这便是嵇康的好友阮籍。

阮籍也是不与司马氏合作的人，不过和嵇康直接翻脸的耿介性情不同，阮籍的行事风格显得略微温和一点，他选择佯装疯狂。当年司马昭想与阮籍联姻，阮籍闻讯想到了一条妙计，他开始不停地喝酒以至于大醉六十天，于是这事就这么给蒙混过去了。

可能因为阮籍的醉酒事件太著名，所以连画像砖上塑造的形象，都是酒杯在侧人微醺的样子。

可是，哪里有一醉解千愁的好事，酒终有醒的时候。于是阮籍的诗中才有这样的句子："夜中不能寐，起坐弹鸣琴。薄帷鉴明月，清风吹我襟。孤鸿号外野，翔鸟鸣北林。徘徊将何见？忧思独伤心。"可见这样忧闷地活着，其实并不比嵇康决绝地死去更容易。

史书中记载，阮籍经常独自驾着马车没有目的地向前狂奔，行到无路便下车号啕大哭。这穷途，这乱世，他连苟全性命都得小心翼翼，末了，他仍然心有不甘，于是只能带着眼泪哀号一声："时无英雄，遂使竖子成名！"

从阮籍丧母这件事，更能看出他深藏的性情。

史载阮母死讯传来之时，阮籍正在与人下棋。闻讯，对手要求停止对弈，阮籍却坚持要下完。一局过后，阮籍饮酒两斗，然后"举声一号，吐血数升"。等到母亲下葬之时，阮籍照样吃肉喝酒，神色似乎如常，可在最后一刻，阮籍在母亲遗体前放声痛哭，以至吐血数升，几乎死去。

阮籍

所以，不要以为阮籍这样的名士畅达放诞、横礼绝俗是看透人世以至于淡漠无情，其实在他看似鄙薄伦常的背后，却是远比常人更炽烈更浓郁的深情。

因为他的深情，内里总带着血。

这正是这个时代最深沉又最锐利的美感。

后世在说到魏晋人物时，总会谈及种种名士风流和逸闻趣事，竹林七贤也时常作为故事里光辉耀眼的主角出现，难免让人误以为他们都真的活得那么风神俊朗、任性恣肆。但其实被深深掩埋起来、不能诉说的痛苦与无奈，才是这个时代的名士们更深沉的人生底色吧。

竹林七贤有这两位，其实称贤便足够了。

但其他诸位却也不甘落后，他们各具风采。

刘伶称得上是把酒喝到极致的人，甚至因此被戏称为"醉侯"。据传，他常常带着酒乘着鹿车边走边喝，还让人扛着铁锹跟着他。他说如果他醉死了，便让人把他就地掩埋。

喝酒喝到这般放达超脱的程度，连死生都看得这样轻，还真是没谁敢和他比了。

刘伶起先担任的官职不高，但因无所作为而被罢官。其实他是故意的。后来朝廷派特使征召刘伶再次入朝，他赶紧把自己灌得酩酊大醉，并且脱光衣衫朝村口裸奔而去，这和阮籍借醉逃婚也是异曲同工了。

解衣盘礴、赤裎袒露大概成为刘伶的常态，所以有人到他家看到这不雅的一幕而取笑他，刘伶却泰然自若地说："我把天地当作我的房子，把我的房子当作我的衣服裤子，你们这些人自己钻到我的裤子里来，凭什么笑我呢？"

倒也是，有谁喝酒能喝出他这样的气势呢？

刘伶一生不入仕途，最后老死家中，倒也算是保全了他的节操，遂了他的心愿。

世人都说他是个酒疯子，其实他只是向往精神上的无拘无束和自然天真。偏偏司马氏的政权要装模作样提倡名教礼法，于是他只能用一醉来保持自己精神的独立和反抗。

他醉着，但他比谁都更清醒。

还有几位就不一一陈述他们的光辉事迹了。

七贤在生活上不拘礼法，都喜欢聚众喝酒，但这并不意味着他们对待政治和人生都是同样的态度。

除了上述三位坚决不入仕途以外，向秀在嵇康被害后被迫出仕。他曾和嵇康是一对铁打的好伙伴，他亲眼看到嵇康如何不理钟会，又亲眼看到嵇康如何被钟会所害，他还是怕啊。

阮咸入晋后曾为散骑侍郎，但因放纵好酒而不被皇帝看重。他是阮籍的侄子。

那个劝嵇康出仕的山涛自四十岁投靠司马氏以后，官职越做越大，最终位列三公。

还有最后一位王戎，这位很有"进取心"，入晋后长居高位，在位长久。

或许你看了嵇康和阮籍的壮丽和浪漫，便不会喜欢山涛和王戎这样现实的人吧。但嵇康在死之前，却把儿子嵇绍托付给了山涛而不是他最敬重的阮籍。他知道阮籍和自己太像了，他自己固然不惧慷慨赴死，但对于儿子，他还是选择让他平安静好地活。

山涛和王戎对嵇绍都很关照。嵇绍成年后，山涛举荐他为官，成为西晋忠臣。这样的朋友，虽然政治抱负不同，但终不负所托，不负七贤之名！

《世说新语》里面有一则很短的记载，说有人对王戎说嵇绍"卓卓如野鹤之在鸡群"，王戎淡淡地回了一句："君未见其父耳。"好平淡的一句话，那么多年过去，王戎还清晰地记得那个曾经一起喝酒放歌的朋友，那样风神俊朗，日月光华。

当然，自嵇康离世，众人各奔前程，竹林七贤便只剩下一个名号了，不过，竹林七贤众人的才华与他们各自的故事却被人深深记得，所以到了大约两百年后的南北朝，竹林七贤被赋予了特别的内涵。

后人们将竹林七贤的故事搬进了墓室，他们的行事作风成为上层社会生活和礼仪系统的重要"典范"。

比起魏晋，南北朝时期的纷乱没有丝毫减少，士族和寒门间的阶层差距越来越明显和固化。发自魏晋的玄学清谈之风在南北朝士族中更甚，早已成为历史标杆的七贤形象在经过岁月不断的涂抹加工后，被赋予了越来越超尘绝俗的意义，甚至将他们不断"神化"，直至成为真正的"神仙"。

所以南朝帝王贵族们将竹林七贤的形象绘刻在自己的墓室里陪伴左右，也完全不是倾慕七贤不羁的个性和超拔的气度，最大的可能，无非是想沾沾他们的仙气。

当年就有许多逸闻说嵇康数度遇到过高士神人，发生过许多神异的事，所以后人们认为嵇康死后飞升登仙了。

嵇、阮诸人曾经专门写过文章研究如何修炼升仙，其中包括游心、骋怀、吐纳、制欲以及炼丹服食的具体办法，他们还亲自深入山中采药制丹，加上他们总以褒衣博带、风神俊逸的形象示人，在后人眼中，他们不是神仙还能是什么人。

后来，道教典籍真的把嵇康写进了仙班。到了南北朝时期，出身低微的寒门统治者便更是对这些前朝名士和仙人倾慕异常了。

哦，忘了说荣启期。

他必定也是个神仙般的人物，才能配得上如此光辉炫目的七贤吧。

荣启期是春秋时代的人，精通音律、博学多才，他也是个隐士，喜欢在山林间鼓琴而歌，这一点倒是与七贤很相似。

有一天他偶遇孔子，孔子看到这个粗服乱发的野逸之人如此怡然，便问荣启期因何而乐，他的答案是他有"三乐"：一是生而为人；二是生为男子；三是活到了九十岁。

孔子见荣启期识度不凡，却又为他惋惜，认为他生不逢时，才不得施。

荣启期的回答更漂亮，他说："贫穷是读书人的常态，而死亡则是所有人的归宿，我既处于读书人的常态里，又可以安心等待最终的归宿，并没有什么遗憾的了。"

这明显是要比孔子高明的见地啊!

我们的成语"知足常乐"便由这则典故而生。

后来,荣启期活了九十八岁,单凭这一点也确实足

荣启期

以"笑傲江湖"了,也正是凭这一点,他被选中为候补队员,加入七贤的行列,成为南朝帝王大墓中最后那一位活神仙。

在画面中,他的年龄显得比七贤要更大一些,这也是为了突出他的高寿。

现在,大墓里南壁依次是嵇康、阮籍、山涛、王戎,北壁则是向秀、刘伶、阮咸、荣启期,一边四个,终于排布均匀妥帖了。

这下子,墓主人也就可以安心睡去,等待飞升了。

最后再来说一说画像砖本身。

这是一种自东汉以来就在墓葬里常见的砖,因为上面模印了图案,所以称为"画像砖"。

画像砖的图案内容很丰富,只要你能想到的题材,在画像砖上都可以找到,比如生活劳作、宴饮娱乐、车马出行、历史传说、仙人神兽、仕女官员、佛道故事等等无所不包,但大多数是一砖一画,像南京西善桥南朝墓出土的这种大型的拼花图案就不多见了。

内容丰富的画像砖
南朝
中国国家博物馆

烧制这样的画像砖有一套复杂的程序：先要请人画好样子，称为"粉本"；再分块制造木质模具，依次编号后分开烧制；烧完后再依次拼合复原。

烧制倒不算太麻烦，主要是后期拼合的工作量太大，而且也很难保证每一个模具都完好无损，所以这样的作品其实极为罕见。

这种画像砖在南北朝几个墓中都有发现，《竹林七贤与荣启期》的图案也都很相似，很可能是一个模子烧出来的，但图案如此完好整齐的，也只有南京西善桥发现的这一例。

一例便够了，只需要这一个提示和头绪，历史的记忆便又鲜活了起来。

不过，如果你想要从画像砖上去追忆这些人的姿容气度，我觉得还是算了。虽然画像各具特点、神态活现，但距离当年他们翁（wěng）若春华、灿若明霞的姿采，还是显得稍微简陋了些。

所以，我倒宁愿自己去凭空想象了。

宋

龙泉窑公道杯

高科技里的大智慧

公道杯，其实只是宋代青瓷小酒杯，但是这个名字却蕴含着一番大道理，仿佛喝酒也能喝出几分道德劝诫和人生哲学的意味。

宋代人活得真是讲究啊！

宋代，尤其是南宋，是青瓷发展的最高峰，位于现在浙江的龙泉窑是南方青瓷的代表性窑口。龙泉窑出产的瓷器，最著名的就是粉青和梅子青，这两种色彩的瓷器既是龙泉窑的发明，也是宋瓷乃至整个中国青瓷的代表色彩。

龙泉瓷造型典雅简素，色调温润内敛，很符合宋代宫廷审美，所以龙泉窑还担当着为南宋宫廷烧造器物的重任。

南宋龙泉窑烧造的器型很丰富，日常所用的杯盘碗盏瓶盆壶自不必说，还有专用于饮茶的壶、罐、盒、渣斗，文房用具水注、水盂、笔筒、香炉、投壶等，还有专门用来陈设的各种造型，应有尽有。因为质地精良，加上浙江靠海的地理便利，龙泉青瓷的海外贸易极盛，广受当时日本、高丽国、东南亚乃至东非和阿拉伯诸国追捧。

当时的盛况可谓"窑群林立，烟火相望，江上运瓷船往返穿梭，日夜繁忙"。

龙泉瓷器的质量顶级，生意又这么好，按说窑工们只管没日没夜地加紧生产就能财源滚滚了，哪里用得着挖空心思搞发明创新，何况也根本没时间。但是，窑工们比我有远见有理想得多了，他们并不满足于现

龙泉窑青釉舟形砚滴
元
浙江省博物馆

状，还要研究新样式。于是，公道杯就这样闪亮登场了。

我们现在已无从得知当年设计这么一个小物件的缘由，或许是因为当时各地窑口间竞争激烈，龙泉窑也很有压力，于是便创新设计出这样新鲜的物件。毕竟，南宋的五大名窑里，龙泉窑还没有上榜。当然，也有

龙泉窑公道杯
南宋
浙江临海市博物馆

可能是因为当年有人太贪杯，所以窑工们在某个瞬间被触动，于是灵光一闪，决定用自己的智慧不动声色地劝诫贪杯之人。

不管是什么原因，毕竟这是个稀罕物。

这公道杯只从外观上看是发现不了其中奥妙的，只不过是杯子中间多了一个捏塑的造型，有的是个老翁，有的是只龙头。这么看着，喝起酒来还未免有点不便。但是，真正的机关就藏在这个看起来有点"碍事儿"的造型里。

公道杯杯中造型的高度略略超过杯口，仔细看的话你能够在它们身上发现一个小洞，再把杯子倒过来看，会发现杯底也有一个小洞。如果把杯子纵向剖开，就会发现这两个小洞并不在一道直线上，而是被连成了一个倒U形的曲线管道。

当杯中的酒只浅浅一盏不超过龙嘴时，根本不用担心它会漏掉一点一滴。但如果喝酒的人贪杯，非要倒了又倒、满了又满，杯中酒水一旦超过这个小孔便会一下子漏个干干净净，一滴不剩。

为什么会产生这样的现象呢？

其实这是利用了虹吸原理。

也就是说，当酒超过倒 U 形管的拱顶时，管道里会因注满了酒而将空气挤压出去，这时外面还有酒继续注入，管道中的压强就越来越大，于是酒就从压强高的地方被源源不断地压到压强低的地方，也就是杯底的小洞里，酒就这样悄无声息地漏光了。

真是一只有科技含量的酒杯。

这样的杯子对于那些性子急、酒量大的人来说，越

虹吸示意图

想多喝，越喝不着，大概就是个不受欢迎的物件。

  这样有趣的"恶作剧"大概也只有宋人做得出来吧。好尚雅趣、内敛温和的宋人，总是不大看得上鲸吸牛饮的。

  其实，我们的文化里一直提倡"乐而不淫，哀而不伤"的节制，适可而止也确实是一种人生大智慧，就这么一只小酒杯，便能把这样的大道理演绎出这样触手可及的透彻来。

  一杯子，一辈子，公道最重要。

元

渔庄秋霁图

最怕俗的画家和最不俗的画作

我们平时总能听到"字如其人"这种说法，认为"字"是一个人的"门面"，从一个人写的字中能够判断出他的性格、品行、修养、学识等等方面。所以如果字写得不好，很容易给旁人留下不太好的印象。由字及画，甚至也有"画如其人"的说法。

但这句话并不准确，比如北宋的奸相蔡京就写得一手豪健沉着的好字；清代文治武功、开疆拓土的乾隆皇帝，字却写得软绵而缺少霸气；明末的艺坛领袖董其昌，书画品格超逸，清雅绝俗，单凭他的作品，你无论如何也想象不到此人在现实当中为霸一方，甚至纵容家属祸害乡里。

像这样人品和艺品相悖的事，在艺术史上还多得很。

当然，想要找出人品和艺品相一致的例子，那自然更多。这其中有一位画家，让人只需一眼，便能深切地体会到何谓"画如其人"。

这便是元代的倪瓒。

倪瓒并不是民间故事和传奇青睐的主角，所以大家对他了解不多，但艺术史上，他却留下了光华夺目的篇章。

不过，这种光华并不因为他的画风绚烂，相反，他的画面极其简洁，甚至有点"清汤寡水"。

还是先看画，比较直观。

我想你也发现了，倪瓒的画基本上都是这样的格式，细长的立轴山水画，画面也很简单，有大面积的留白，一眼望去，甚至会让人觉得画面有点"空"。

倪瓒的画一般是明确的三段式构图。上段是枯笔拖出来的几道远山，从画面的一端拖到另一端。中段是大片的留白，这便是空阔的水面，没有波纹，也没有晕染，寒波淡淡的水景全凭你自己想象。画面最下段一般是一角小小的坡岸，上面会长着几棵并不珍奇名贵的树木。

除此以外再无其他。

别的山水画家总爱在画面中布置几点如豆的人，以表示山水有情，可行可游。倪瓒绝对不会这样做，他

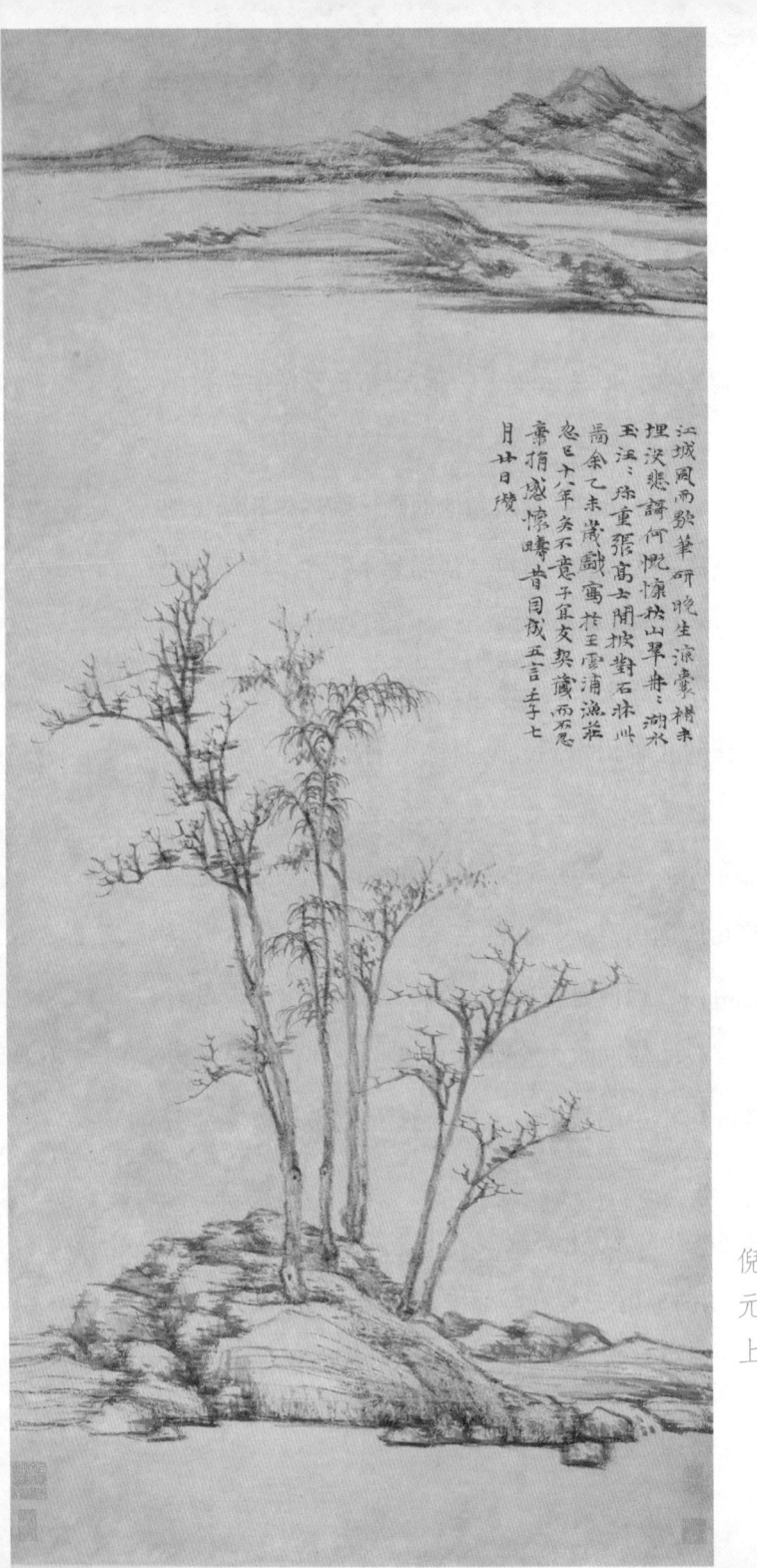

倪瓒《渔庄秋霁图》
元
上海博物馆

的画里"万径人踪灭",毫无一点人间烟火气。

倪瓒的作品画面实在太干净、太冷清了。我们中国画讲究的皴擦点染,在他的画中不太找得到。画面上的留白常常比着墨处还要多,像是生怕墨迹把画面弄脏了似的。

对于这样的作品,倪瓒自己的说法是"逸笔草草,不求形似,聊以自娱"。

自娱便一定要画得这么干净吗?

倪瓒回答:是的!

这真是出人意料的回答。不过,如果你了解倪瓒这个人,反倒会生出"原来如此"的感悟。

倪瓒有重度洁癖。这并不是后人对他的调侃,这个事情是真的。

随便举几则例子吧,看看倪瓒一尘不染的人生是怎么度过的。

倪瓒家是无锡太湖一带的巨富,所以从小生活便舒适无忧,长大后,家中资财有兄长经营,他就完全不问俗事，只和他喜爱的诗文书画打交道。

出身这样的家庭，有一点"富贵癖好"也不稀奇。

倪瓒极讲洁净，日常所穿戴的衣服、头巾一天要换洗许多次，所用的文房四宝还配有两个书童负责不断擦洗。

倪瓒不仅对自己要求严格，但凡他眼睛看得到的东西，他都有高标准严要求，所以连堂前屋后的树木也都得和他一样干净。每天从早到晚，都有用人清洗这些树木，保证树叶一尘不染。如果遇到了落叶，还要用倪瓒亲自设计的工具来解决。这种专门清除落叶的工具是一根长长的竹竿，竿的顶端绑着细针。这样，不用踏上草坪就可以远远地把树下的落叶插起来了。

其实倪瓒是不能忍受草坪上有脚印。

好吧，这些倒还都能忍。

倪瓒对物如此，对人也如此，有人就不能忍他了。

有一次，一位好朋友夜宿在倪瓒家，本来就担心朋友不卫生，检查数次才让朋友住下。结果晚上朋友突然咳嗽了一声，这对倪瓒而言简直是晴天霹雳，吓得他一夜未眠。等到天亮，他便命用人去寻找朋友的痰迹。找来找去，根本没有找到，用人知道他的心病，只好找来一片上面稍稍有点痕迹的树叶，说那就是痰迹。倪瓒便躲到一边，捂住鼻子闭上眼，叫用人扔到三里地以外。

他朋友要是知道了，内心得有多崩溃啊。

还有一次，倪瓒的母亲病重，需要请名医葛仙翁看病。名医到了倪瓒家要求先去倪瓒最珍爱的书房清閟（bì）阁去查找医书。倪瓒没办法，为了救母亲也只能同意。葛仙翁在清閟阁乱翻一气，到处吐痰，弄得一塌糊涂。

据说葛仙翁对倪瓒的洁癖早有耳闻，而且深恶痛绝，此举是故意要作弄倪瓒的。葛仙翁倒是得逞了，害得倪瓒终生没有再踏进过清閟阁一步。

这样的例子还有许多。倪瓒在日常生活中的洁癖虽然出了名，但到底没给他带来什么实际的坏处。

真正为他带来灾难的，其实是"精神洁癖"。

倪瓒在太湖一带很有名气，虽然他的日常行事显得令人难以亲近，但其实他格外洁身自好，不屑与俗人交往，也坚决不与统治阶层来往，算是个隐士。

但无奈倪瓒的名气太大，上门求画的人就特别多。

到了元末，太湖一带被起义的张士诚控制，张士诚的弟弟张士信也想附庸风雅，便向倪瓒索画。当然不是白要，他送了绘画的白绢，也送了重金，但却惹怒了倪瓒。

张士信的行为无异于把倪瓒看成了卖画赚钱的画师，对于倪瓒这样傲慢孤高的文人来说简直是一种羞辱。倪瓒大怒，撕绢退钱。

倪瓒眼下倒是痛快了，但这张士信是个小人，梁子暗中就此结下了。

有一天，倪瓒到太湖泛舟游玩，船上燃着他喜欢的名贵的龙涎香。恰好遇到张士信也在太湖上巡游，张士信闻到异香扑鼻，于是让手下打探。

这真是冤家路窄，张士信得知是倪瓒，于是瞅准机会把倪瓒抓来痛打了一顿。倪瓒被打得皮开肉绽奄奄一息，却一声不吭，连呻吟都没有。事后有人问他怎么不吭声，他的回答是："一出声便俗。"

这样的回答很倪瓒。

人的一生里，或许真的有许多事，比命还珍贵吧。

对于倪瓒来说，"不俗"二字，正在此列。

洁癖到了这样的程度，只让人觉得可叹可感可敬了。

他的《渔庄秋霁图》《六君子图》等作品，便是最能代表他洁癖的作品。

了解了倪瓒的生平为人，再让我们一起仔细看看他的作品。他惯常使用的三段式构图中，前景是坡岸上的情景，岸上常常只有数棵枯木，枝杈一律细瘦清癯，即便偶尔画上一间小小的茅舍，也是低矮得让人难以容身。画面中段则是阔大的水面，平静无波，不着一点墨迹，显出一种萧瑟荒寒的宁静气息。画面上段则是远景，是淡淡的群山，这些山也并不是峭拔崎岖的，它们的坡度很低，层叠着以一种舒缓的调子向画外铺开，由此营造出画面淡然悠远的感受。

他的画面上是从来不见人迹的，他是在极力避免尘世的浊气污染了他的作品，也污染了他的心境，所以这些画也都是倪瓒"孤芳自赏"，不让精神堕入泥污中的自况。

如果要比笔墨的简省，大概再难有人能比过倪瓒了。

许多文人对倪瓒的这种创作上的洁癖击节赞叹，因为他的作品展现出了文人最理想的精神状态。于是他的画品也被越推越高，成为超逸出尘的君子之风的代言，他活成了文人心目中理想的样子。

还有许多画家也有意效仿倪瓒清明疏朗的画风，但连沈周这样的大画家，都没办法学得像。

当然是学不像，没有他这样的洁癖，哪里会有他这样的画风呢？

哦，对了，倪瓒号云林子，后世称他为倪云林，这个名号和他真配。

倪瓚《容膝斋图》
元
台北故宫博物院

元

七君子图

「七君子」其实不是七个人

古人对一个人的最高赞誉，便是称其为君子。

《论语》当中提到"君子"达一百多次，并且第一篇《学而》的第一则就提到了何谓君子。

所以，古人也不吝将这样一个美好的称谓，赋予品格出众的植物，比如著名的"四君子"——梅兰竹菊。

在四君子当中，竹子青翠幽碧、劲节挺拔的外形尤其受到文人的喜爱，比如要称"贤"，必定是在竹林，要想不俗，所居之处必定要有竹。

在中国传统绘画中更是如此。

竹子从四君子中脱颖而出，自五代以来逐渐成为中国画的主角，美术史上也出现了许多专门画竹的名家，于是墨竹也就自成一派了。

早先有北宋的文同，他是苏轼的表兄弟，他将书法的笔法融入墨竹的画法中，对后世影响极大。文同生前曾被调任湖州为官，但没等到上任就去世了，后人将其一派的墨竹画法称为湖州竹派。

苏轼本人也很喜爱画竹，并且风格不拘一格，艺术

文同《墨竹图》
北宋
台北故宫博物院

史上还流传着他用赤红的朱砂画竹的逸事。

元初的画坛领袖赵孟頫和他的夫人管道升都很擅长画竹,历史上也留下了这对伉俪画竹的佳话。元代是由蒙古人建立的政权,当时许多汉族文人为了表现气节,都乐于选择竹子作为题材,这种喜好贯穿了整个元代,所以也就产生了许多画竹的高手,包括高克恭、柯九思、吴镇等人,另外还有一名画竹名家李衎(kàn),不仅能画墨竹,还能画设色的竹子。李衎的理论水平也相当高,他著有《竹谱》一书。书中对画竹的源流进行了考证研究,还总结出一套完备的画竹方法以及画竹要极力避免的问题,成为古代画竹的重要专著。

到了清代,我们最熟悉的画竹高手要数扬州八怪,其中郑板桥名气最大,他不仅擅长画竹,而且还以画竹为例,总结出绘画的经验——从生活到艺术,要经历从"眼中之竹"到"胸中之竹"再到"手中之竹"的过程。他的"一枝一叶总关情""任尔东西南北风"

赵天裕《墨竹图》
元
苏州博物馆

等名句,都是《竹石图》的题画诗。

墨竹在中国传统绘画中,是最受文人偏爱,也最受百姓欢迎的题材之一。从古至今画竹的名作很多,但要当世的画竹高手济济一堂,同时一展笔墨,这样的作品就相当难得了。

但幸运的是,真的有这样一幅作品——元代的《七君子图》。

《七君子图》是将元代画家赵天裕、柯九思、赵

原、顾安、张绅、吴镇六人所绘的墨竹裱在一幅长卷中。柯九思贡献了其中的两幅，算是能者多劳，所以以竹而言，是"七君子"。

装裱完整的画卷高36厘米，长达10米有余，当然包括了所有的题签跋文。遥想古人在四下寂寥之时掌灯玩赏这一卷墨竹，是何等的雅兴啊！

画卷原名《竹林七友》，应该是有意遥借"竹林七贤"的典故。

不过，画卷引首处有历代收藏大家的题签，写的都是"六君子图""六逸图"等，这是因为最早的七幅当中有一幅缺失，只剩下六幅，直到晚清才又补上了一幅，终于又成全了"七君子"。

七君子究竟应该谁先谁后，装裱的顺序也很花了心思。

赵天裕一片葱葱的竹林作为开篇很合适，半川烟雨立刻营造出了世外桃源的氛围，让你不脱离尘世都不行。

接下来，柯九思的两枝墨竹前后相迎。柯九思是元代最著名的画竹高手之一，他的笔法直追北宋的文同，显得非常有古意。他的两幅作品当中前一幅模仿了文同的笔墨风格，画面所题的"与可"正是文同的字。连题款也模仿文同，这并不是在模仿古代的名家造假，而是在向墨竹宗师文同深深致敬。

因为学的是宋人，所以这一幅在风格上和后面他自出胸臆的那一幅就有些不同了。两幅画的构图几乎完全一致，竹子还是那竿竹子，只不过经过了一场春雨，拔了节，于是长长了、长开了，变得更加舒展、轻逸。

第四幅出自一位可怜的画家赵原之手，据考证这幅作品是他在入明后所作。明初，赵原奉诏进宫成为了宫廷画家，谁知道后来因为画得不如皇帝朱元璋的意而被皇帝所杀。中国历史上很多朝代都设有宫廷画院，画家们的作品中有些让皇帝龙颜大悦，自然也有些不讨皇帝喜欢甚至惹得皇帝雷霆震怒的，但画家因此遭残杀的事并不多。朱元璋当政之时大肆杀戮，不少画家成为了牺牲品，实在是可惜可叹。

赵原这一幅是画面上留白最多的一枝，竹枝长舒曼卷，远远向外探出，尤其是竹尖处，墨色飞白，干净清透，显出纯净出尘的逸趣。除了画竹，赵原还擅长山水，实在不知他是什么样的作品惹怒了皇帝而遭杀身之祸。

第五幅墨竹是七君子当中造型最独特的，画面中的竹竿不是我们常见的挺拔向上的形态，而是虬结扭转成巨大的S形，像是一条虬龙饱含张力蓄势待发，又像是武林高手绕指柔的长剑，即将向外弹开去，似乎还带着唰唰的风声。

第六幅的画面中，一簇新竹形成了伸展的三角形，顶端的那些细枝嫩叶的小叶子精神饱满蓬勃地向上冒着头，像是在努力呼吸着林间湿润的空气。

最后一幅是吴镇的作品，用来压卷真是再合适不过了。

吴镇自号梅花道人，元代在太湖一带浪迹，他精通奇门星相，以占卜为生，中年隐居避世。吴镇擅长山水和墨竹，尤其爱作《渔父图》以显现自己不慕荣华的淡泊志趣。

他画中的竹子端直挺立，显得无拘无束、自由自在，它们甚至并不太像竹子，笔墨也似乎不管浓淡轻重一般，急急草草，倒不像是在画画，而像是在写字——写草书。

吴镇将他的这幅竹子署为"戏笔"，也就是说这是他一时兴起的作品，而且是游戏之作，并不是一本正经的严肃之作。乘兴而作，兴尽而终，大刀阔斧，不假思索，比起思忖再三经营求索的作品，反倒多了一些俊逸放旷的气度。

像这样把不同画家的同一个题材的作品集合装裱在一起，虽然欣赏者能痛快地一饱眼福，但我想画家们心里也许还是有点打鼓的，笔力稍稍弱一点的作品，经过这样的对比就更容易露怯了。

不过好在诸位画家的笔力旗鼓相当，交相辉映，各有各的风采，所以这《七君子图》也就更加珍贵难得了。

这七位"君子"的情态虽然各有不同，但它们无不被描绘得神采飞扬、俯仰多姿，确实很难分出高下。不过，这其中我自己最喜欢的，还是吴镇的这一幅，欣赏他这种看似漫不经心、随手挥洒的劲儿，更有一种妙手天成的天真趣味。

看画如见人，看这些纷披的竹叶、净利的竹枝，似乎能见出画家们的性格，也似乎能看到他们泼墨挥洒的情状。

柯九思的两幅《墨竹图》

赵原的《墨竹图》

顾安的《墨竹图》

张绅的《墨竹图》

吴镇的《墨竹图》

元

渔父图卷

只钓鲈鱼不钓名

我们刚刚看过元代画家吴镇的《墨竹图》，从他画竹的笔墨中稍稍感受到了一点他的性格，现在这幅《渔父图》，便是他的志趣的全面展现。

"渔父"是中国绘画的传统题材之一，倒不是历代画家们对打鱼的人有什么特别的感情，而是因为在历史上，渔父常常以世外高人的形象出现。这些世外高人放达、飘逸，不为俗世虚名所累，活出了古代文人理想的样子，于是大家便很愿意去塑造这样的形象，以表达虽不能至、心向往之的心境。

确实，这样的形象对于古代文人们来说无疑是很有吸引力的。

文学作品中出现渔父的形象要比绘画中早得多了。

最早最著名的渔父形象，应该是楚辞中的名篇《渔父》。

文章里，行容枯槁的屈原行到江边，一个渔父认出了他是三闾大夫，于是有了一段著名的对话。

屈原悲戚忧愤地感慨"举世皆浊我独清，众人皆醉我独醒"，渔父却劝他既然一己之力太微渺，无法挽狂澜于既倒，扶大厦之将倾，倒不如顺应世道，这才是圣人的处世之道。既然现在大家都浊，不如索性再把水搅浑，在浊浪里悠游；既然大家都醉，不如一起喝酒吃酒糟一醉方休。

　　屈原自然是不苟同、也不愿意苟且的，他毫不犹豫地选择了玉碎，虽然文章中没有写他纵身一跃，但接下来的故事我们都知道了。这位伟大的诗人自投汨罗江，主动放弃了这污浊的尘世，唯恐这泥淖沾染了他的高洁，这样的决绝于是愈发带有了壮丽的美感，也愈发显示出了悲剧的崇高。

　　我出生于荆楚，从小对屈原的故事耳熟能详，在中学的时候学到这篇课文，心里感到格外悲伤又愤然，一边感叹屈原的苦闷愁惨，一边也就厌恶起这打鱼的老头子来。

　　怎么能不愤恨呢？

　　屈原满心忠诚却被谗诬，心怀家国却被排挤，这

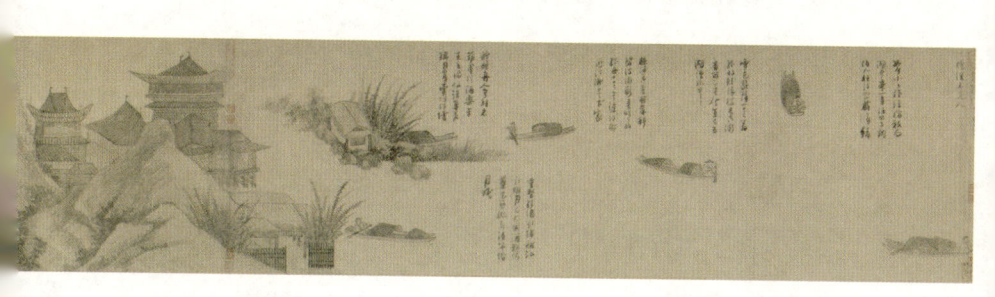

吴镇《渔父图》

元

上海博物馆

般四顾茫然的时候，竟然还遇到这么个打鱼的老头子，说着这样的风凉话。

我当时不禁设想，如果屈原运气好一点，遇到的是某位热血同道，或许他就不会这么孤寂绝望吧。

再看看这老头子还干了些什么啊！

屈原决绝地告诉他，自己为避尘埃情愿自沉江中，老头子竟然"莞尔而笑，鼓枻而去"，一边离开一边还唱着"沧浪之水清兮，可以濯吾缨；沧浪之水浊兮，可以濯吾足"。

竟然这样的不管不顾，而且如此自在闲适。

当时的我实在不能理解，这样"堕落"又可恶的老头子，怎么会被人称赞成一位世外高人，并且还得以与屈原一样，成为那样光辉美好形象的代表，这可恶的老头子德行在哪里？节操在哪里？

后来我发现，在古代的文学作品中，这样的"渔父"还不只他一个。

《庄子》中也有这么一位，而且名气还不小。

庄子为了表达自己所主张的清静无为比儒家提倡的克己复礼要高明，所以他派渔父出场来诘问孔子。得知孔子之行后，不免既惋惜又颇有点嫌弃地说孔子"仁则仁矣，恐不免其身；苦心劳形以危其真"，你看，表面上是肯定了孔夫子的仁德，但实际上却是在说他苦心劳心，伤害了自己的自然本性，所以还批评他"远哉其分于道也"，意思是说孔夫子离大道还差得远呢。

后来的故事很有意思，孔夫子向渔父求教大道，渔父告诉他大道的要旨无非是珍惜本真，摆脱世俗的伪诈。孔夫子还谦卑地表示自己甘当学生以学习大道，但渔父却径自而去。

你看，又一个径自而去的狂谩骄傲老头子，和屈原碰到的渔父还真像是一个老师教出来的。

就这样的形象，和中国古代传统文人们追求"修齐治平"的抱负其实是毫不相符的，甚至还有点背道而驰的意思。但为什么文人们不仅认同渔父的精神状态和境界，反而还追慕向往，欣羡不已呢？当年还在中学校园的我实在是想不明白。

　　世界从来不是非黑即白，生活也从来不是二选一的单选题，甚至孔子本人都说过仁者无忧、智者无惑、勇者无惧。屈原无疑是勇者，认清了生活的真相，仍然一往情深；而渔父，则是智者，他们甚至把生活的真相理解得更加透彻，于是主动选择了"堕落"，堕落到和光同尘。他们早已忘掉了"我"，既然无我，何须去管沧浪是清还是浊？既然跳出尘世，便只笑看风云。

　　每一种选择，都自有美感。

　　还好有不止一种选择，我们面对世界的时候才稍稍多了一点自由，邦有道则现，邦无道则隐，其实这两种选择一直在古人或者说所有人内心里激荡交锋，我们总不外乎在它们中间游走，寻找内心的栖居地。

　　唐代张志和在《渔歌子》里面所写的渔父形象更加具体而浪漫："青箬笠，绿蓑衣，斜风细雨不须归。"

最后一位出场的著名渔父,应该是柳宗元《江雪》中那一位。

"孤舟蓑笠翁,独钓寒江雪。"这里的画面感极强,冰天雪地的严酷环境里,渔父的形象既孤愤倔强又宁静安然。

你看,"渔父"这个词在我们的文化当中不是一种真实的身份,他们是一种隐逸、超然的精神写照,是一种理想的人格化身,他们仿佛能够超越现实,超越尘世,超越生死。

因此,在现实生活不那么美好的时代,文人们更需要借由渔父的形象和他所代表的品格寄托自己的情怀和思想,渔父图也就格外多一些了。

元代的画家吴镇,就画了许多渔父图。

元代是个对汉族文人算不上友好的时代,虽然蒙古统治者尊用汉法,但也推行了许多不平等的政策。除了取消科举制度,封锁了当时汉族读书人进仕当官的道路,还对他们极度打压,甚至侮辱性地将儒生归为社会地位最低的等级，仅仅高于乞丐。极度的愤然和失望让大量汉族文人主动选择了归隐，表达自己对故国的追思。渔父的形象在此时也更加鲜明起来。

吴镇和倪瓒一样，都生活在江南一带，而且吴镇的曾祖父曾经参加过抗元战争，他对于元代统治者的憎恶算是累积了几代人。

吴镇这个画家有点奇特，他年轻的时候拜高人学道，精通奇门星相，自号梅花道人，并且以算卦为生。所以渔父不仅是他喜爱的题材，简直就是他本人的写照。

吴镇只画渔父还嫌不够，生怕别人领悟不到他的清高脱俗，所以他还在画边题诗，直抒情怀。这幅《渔父图卷》就是他画渔父最多、题诗最多的一卷作品。

画面上水面宽广，坡石清润，这是江南山水的情态。山水间散布着形态不同的十多位渔父，有的停船垂钓，有的悠闲摇橹，更有的要么在发呆，要么在打盹，反正没人在认真捕鱼。

如果你看得更仔细一点，大概会发现画面还显得有点"粗率"。他画的渔父们只寥寥几笔勾勒而成，面目模糊，说实话真谈不上什么传神写照，什么神气活现，甚至有些还略有"复制粘贴"之嫌。

是画家功力太浅吗？自然不是。

吴镇既不想通过画面讲故事，也不想记录生活，同样也无意表现劳动人民的辛苦，他只想用这样一个符号来表达自己超脱俗世的孤傲和悠然。自然用不着去细致地刻画每一个人的相貌和动作。

所以，你就大可不必纠结这些渔父的形象为何如此简约，或者你还可以干脆只把这许多的渔父看成一个人，一个符号。你只要能感受到画面的一片冷寂，一片仙气，也就足够了。

也正是这样的原因，画面确实是极简的。大片的水却一无波痕，大片的天也无一丝云迹，这真是水天一色。

因为留白的地方很多，于是画家题上了许多诗，诗

《渔父图》(局部)

作的篇幅几乎和画面相当。不过即便这样的画面布局也没能让画面看上去热闹起来,反倒更衬托出作品的简淡清空,嗯,画家追求的就是这样出尘的效果。

这些诗倒是很值得玩味一番,它们都以《渔歌子》为词牌填成。

  舴艋为舟力几多。江头云雨半相和。殷勤好,下长波。半夜潮生不那何。
  残霞返照四山明,云起云收阴复晴。风脚动,浪头生,听取虚篷夜雨声。
  残阳浦里漾渔船,青草湖中欲暮天。看白鸟,下平川,点破潇湘万里烟。
  绿杨湾里夕阳微,万里霞光浸落晖。击楫去,未能归,惊起沙鸥扑鹿飞。

写到这里，我们似乎看到了恍如桃源仙境里的生活，那里和尘世没有半点瓜葛，人迹稀疏，甚至连渔父本人的痕迹也几乎被抹得干净了。

不过，到了下面一首，画家大概是忍不住了，还是跳出来直接表白了心迹。这一首也是吴镇《渔父图》

的题诗中最著名的一首：

　　洞庭湖上晚风生，风触湖心一叶横。兰棹稳，草衣轻，只钓鲈鱼不钓名。

"只钓鲈鱼不钓名"，说得不能更直白了。

这首诗他自己一定是很满意的，所以在他的另一件代表作《洞庭渔隐图》中又题了一次。

表完心迹之后，渔父像是再次隐去，像是睡着了一般，世界又重归于寂静清幽。他间或也会醒来，乜眼看一下周遭，世界还是这样，于是他又翻身继续回到梦里。那才是真正值得流连的所在啊！

令人向往美好的世界全在他的诗里，不如我们把它全录完：

　　月移山影照渔船，船载山行月在前。山突兀，月婵娟。一曲渔歌山月连。

无端垂钓空潭心，鱼大船轻力不任。忧倾倒，击浮沉，事事从轻不要深。

风揽长江浪揽风，鱼龙混杂一川中。藏深浦，系长松。直待云收月在空。

桃花波起五湖春，一叶随风万里身。钓丝细，香饵均。元来不是取鱼人。

钓得江鳞拽水开。锦鳞斑较逐钩来。摇赪尾，唵红腮。不羡严陵坐钓台。

五岭烟光绝四邻，满川凫雁是交亲。云隔岸，浪摇身，青草烟深不见人。

如何小小作丝纶，只向湖中养一身。任公子，龙伯人，枉钓如山截海鳞。

雪色髭须一老翁，能将短棹拨长空。微有雨，正无风。宜在五湖烟水中。

极浦遥看两岸斜，碧波微影弄晴霞。孤舟小，去无涯。那个汀洲不是家。

重整丝纶欲掉船。江头新月正明圆。酒瓶倒，岸花悬。抛却渔竿踏月眠。

舴艋舟人无姓名。葫芦提酒乐平生。香稻饭，滑莼羹。掉月穿云任性情。

其实除了这幅图卷，吴镇还画过许多同样题材的《渔父图》，在这些作品里，他的渔父甚至连鱼也不钓了：

红叶村西夕照余，黄芦滩畔月痕初。轻拨棹，且归与，挂起渔竿不钓鱼。

好吧，不钓鱼，那便是回家画画去了吧？

在中国美术史上，把吴镇和画《富春山居图》的黄公望，有洁癖、最怕俗的倪瓒以及赵孟頫的外孙、被誉为"笔力能扛鼎"的王蒙并列为"元四家"。相比于其他几位，吴镇的画显得更加放任，总像是带着一丝侠气，或许因为他总是游走于"江湖"的缘故吧。

后人把吴镇传得神乎其神，说他预知自己大限将至，于是给自己修建了墓穴，等到明军攻来时，周围的很多墓穴都被挖了，只有他的墓安然无恙，这也是因为大家一直相信他是真"神人"，便又为他附会上了洞悉天机的非凡能力。

这样的故事我一点也不爱听，倒不是因为它太假，而是因为无趣。有一则逸事我却是很乐道，看上去大约也有几分可信。传说吴镇与同时代的画家盛懋比邻而

吴镇《洞庭渔隐图》
元
台北故宫博物院

居，吴镇家门可罗雀，求画者甚少，而盛懋家却门庭若市，于是吴镇的妻子调笑丈夫的画无人欣赏。

吴镇倒是不急不恼，他只淡淡地说："二十年后不复尔。"他坚信二十年之后不会是这样的情况，自己的作品一定会有许多人追捧。

不知道盛懋当时有没有听闻邻居吴镇的这番话，他显然是被邻居冒犯了，不过作为艺术家，盛懋或许早就敏锐地感受到了吴镇的与众不同。我想，即使听到这话，盛懋心里一定也是服气的。

吴镇自然是说对了，甚至还没有到二十年，他的作品就赢得世人欣赏和赞美，但这真不是他算卦探得了天机，而是因为他深谙艺术的规律，他知道艺术应该如此，而且必定如此。

吴镇的超尘脱俗、任情适性、自在天真，这气质或许根本不是他后天形成的，而是源自他天性中对自由的痴迷吧。也许，他的内心就真的住进了一个渔父。

元 墨梅图轴

只流清气满乾坤

说起王冕的《墨梅图》，画面究竟是什么样的，知道的人大概不太多，但要说这首诗，现在已列入小学生必背的古诗，所以你一定会背。

我最早知道王冕也是因为小学二年级的语文课本上有一篇《王冕学画》的故事。

故事里说古时候有个少年叫王冕，因为父亲离世家里很穷，所以只能给人放牛为生，他看到满池的荷花于是便想要画下来。一开始他画得不像，后来经过反复练习，就能画得栩栩如生了。

这样的励志课文对于当时的我来说已经足够生动有趣了，所以让我对这个了不得的画家充满了好奇。无奈故事过于简单，连时间地点都没有，后面也没有交代王冕把荷花画得这么好之后又做了些什么，更别提配个王冕画的荷花让我一饱眼福了。

不过，王冕这个名字我倒是记得深深的，因为当时这个"冕"字是个生字，要不断地抄写，而且我甚至觉得这个名字本身就很有趣。

又过了很多年，我才知道原来小学课文里那个没头没尾的故事，其实是出自清代的一部长篇巨著《儒林外史》，王冕开篇出场，所以小时候的诸多"未解之谜"也就有了后续的发展和结果。

王冕不仅擅画荷花，更善于读书。书中写到王冕不到二十岁便贯通经史，却丝毫不追求功名，只追慕先贤的德行。

王冕因为画荷花名声

王冕《墨梅图》
元
上海博物馆

很大。有一天，知县老爷要给自己的上司送礼，便来找王冕定制画作。王冕本来就很厌恶这个平日仗势欺凌乡里的知县，不愿给这个面子，但无奈好友在旁边一个劲儿地怂恿，他碍于好友的情面便用心画了画。

知县的这个上司名叫危素，是当时有名的史学家和文学家，他倒是很有欣赏眼光，对王冕的画格外喜爱，便想约他一见。

于是知县下令相邀，但不料王冕竟然自谦是一介农夫，婉拒了。其实这是因为王冕不想攀附权贵，更不想搭理知县。知县为了讨上司欢喜，又亲自去王冕家寻他，也想因此博得个礼贤下士的令名，王冕无奈只得远远躲出去。

王冕这一躲就一路躲到了济南，以问卜卖画为生，游历北方。几年后返回家乡。在母亲去世后，他便恭敬地为母亲守孝，孝满之后仍像以前一样读书画画，却从不像普通读书人那样去考得功名。

元末，农民起义爆发，王冕的老家浙江诸暨一带成了朱元璋打下的领地。由于王冕名气很大，所以朱元璋也很想收服他。

有一天，朱元璋竟然到乡里找到王冕，便问他："浙江人总是反对我，怎么才能收服他们的心？"王冕答："若以仁义服人，何人不服，岂但浙江？若以兵力服人，浙人虽弱，恐亦义不受辱。"他其实是在讽刺朱元璋只知道以武力和杀戮相威胁，自然得不到民心。可想而知朱元璋当时有多么生气。

等到明朝建立后，朝廷要征聘王冕做官，王冕听到消息连夜逃往会稽山中。后来，他回到老家诸暨，隐姓埋名地隐居在九里山，并且终老于斯。

这就是《儒林外史》开篇的故事，叫作"楔子"，就像是个"引文"。

其实《儒林外史》从正文开始，故事情节和人物都与王冕没有任何瓜葛，但作者偏偏要在开篇讲述这么一个和正文内容不相干的人、不相干的事，目的是为整部作品树起一个标杆，用王冕的清尘绝俗映衬出正文故事里那些庸俗、低劣、腐浊、龌龊，一心执着功名，蝇营狗苟的不堪灵魂。

王冕被作者当作了理想人格的化身，他的一生确实担得起这样的尊崇和仰慕。

只不过后来学者的考证与小说中写的略有不同，王冕并没有早年丧父，也并不是家贫如洗，他还参加过科考，只是并未考中，当然这也丝毫无损他那不慕名利的磊落和洒脱。

历代的史料和笔记里，关于王冕的记载还有许多，有一点挺值得提一提。据载他身高七尺多，相貌壮美有威仪，胡须飘逸，宛若神仙中人。古人总是说相由心生，无疑这样的天神之姿也更映衬出他人格的完美和高洁。

说了这么多，要想对王冕的心志了解得更加真切，其实都不如看他所绘的《墨梅图》中那首题画诗，毕竟他自己最清楚自己的内心。

"吾家洗砚池头树，个个华开淡墨痕。不要人夸好

王冕《墨梅图》,元,北京故宫博物院

颜色,只流清气满乾坤。"

再看他画的墨梅,也同这诗文一样清澈澄明,光风霁月。

这应该是一株老梅,才会勃发出这样挺劲的新枝。早春时节,梅花浓密绽放,花瓣以水墨晕点而成,浓浓淡淡的梅花和骨朵恣意舒展,天高地迥,无拘无束,一不小心它们便这样伸进了画里,只这横斜的一枝,便已让人觉得清气满纸。

梅枝是疏朗的,每一枝的远近粗细都看得分明,即使是细末毫端也绝不拖泥带水,这才是梅花应该有的姿态。尤其是伸得最远的那一枝,枝梢又细又锐,瘦硬老辣、干净利落,正像他桀骜落拓的品格。

画家着墨不多,画面清简明朗,但显现的却是王冕经年累月的功力。

王冕的题画诗更是点睛之笔了。

诗文的气度和水准就不必我多加赞美之词了,在中国文学史上能做到这样脍炙人口妇孺皆知的作品并不多。

元代论画墨梅,王冕首屈一指,这幅小画正是他的代表之作。

王冕不仅擅画这样的疏梅几点,他还作过大量浩繁浓密的墨梅图。上海博物馆收藏的这一幅《墨梅图轴》便是如此,画中梅枝梅朵枝条交叠穿插,梅花如瀑布一般流泻下来,墨气淋漓,让人看了感到格外畅快。

即便将梅花在纸面上排布得如此密不透风、气势夺人,但细看之下就会发现,这些梅花各具姿态、描摹入微，大多开得极盛，五瓣分明，也有枝头汇聚着几簇花骨朵，含苞待放，花朵用淡墨线条勾勒而出，笔尖顿挫，梅瓣尖便留下一点墨迹，成了花瓣上最浓的一抹。花蕊是用极细的墨线一簇簇飞快地排出来的，带着饱满的弹性。花蕊顶端芥子般

王冕《墨梅图轴》
元
上海博物馆

细小的墨点格外新鲜，软软绒绒，花朵简单空灵，又炽烈奔放。

虽然都用墨色画成，但浓淡交替，显得画面色彩绚丽分明，这便是所谓墨蕴五彩的效果。

这幅《墨梅图轴》的尺寸其实并不大，纵长 67.7 厘米，宽不足 26 厘米，在这样的小画幅中却聚集如此磅礴的气势，可见其中蕴藏的能量之大。

从画上的题诗来看，王冕本人应该是很喜欢这件作品的，所以长长短短题了五首诗，都是表明他心境的句子："年来懒做江湖梦，门掩梅花自读书。""明洁众所忌，难与群芳时。贞贞岁寒心，惟有天地知。""江南十月天雨霜，人间草木不敢芳。独有溪头老梅树，面皮如铁生光芒。""君家秋露白满缸，放怀饮我千百觞。兴酣脱帽恣盘礴，拍手大叫梅花王。"真是又清雅孤傲，又恣肆洒脱。

王冕的书法本身，也格外有品格，字如其人在王冕这里是成立的。

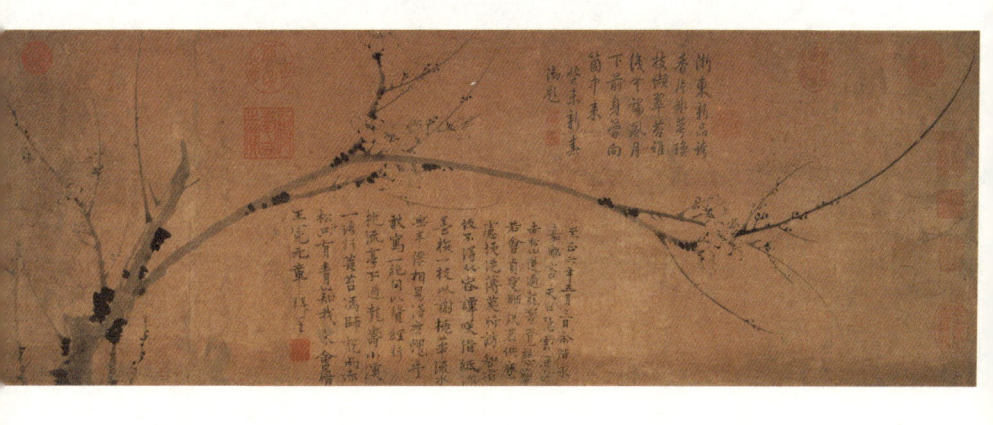

王冕《墨梅图》、赵奕《行书梅花诗》合卷
元
上海博物馆

　　王冕写得很认真。是的,认真,除此以外我想不出用什么词能更加贴切地形容了,一笔一画不疾不徐,沉着持重,没有丝毫的滑腻和卖弄,这正是一个格调高雅又内心至诚的人在笔墨间流露出的灵魂本色。

　　题诗便有钤印,诗文后面留下的印文很多,其中不少印,也出自王冕自己之手。

　　在他之前,文人用印一般是自己写好印文再交由专门的制印工匠刻制。王冕找到了一种名为"花药石"的石材,因为质地远比之前的金玉石材柔软,恰好适合文人自己刻制,后来我们才可以看到许多文人自己设计、自己刻制的印章,开创者正是王冕。王冕还自号"煮石山农",正是他玩石篆刻的反映。

在王冕的这幅画上，诗、书、画、印样样齐备精彩，这"四位一体"也成了元明以后文人画的基本"格式"。

除了文采斐然、画艺精湛，据说王冕年轻的时候对兵法也颇有研习。他的胸中早有澄清天下的大志向，只不过元代统治不给汉族士子治国平天下的机会，他自己也就永绝仕途，决不做腐儒。

说来总是有些遗憾，现在王冕流传下来的作品中以墨梅居多，却不见荷花的踪迹，终究还是没能满足我幼年时期的好奇心。

墨梅从北宋开始流行，传说是一个和尚因为看到窗纸上映着梅花疏影横斜的影子而得到灵感创制的。梅花与兰、竹、菊一起被誉为"四君子"，所以也格外受到文人的喜爱。

王冕这样的性情品格，梅花似乎倒比荷花更适合。

明
大报恩寺琉璃塔拱门
西方人最熟悉的一座中国塔

如果要问十八世纪的欧洲人,最熟悉、最喜爱的中国形象是什么,答案可能超出你的意料。在当年,欧洲人要是来投票,一座九层宝塔肯定会名列前茅,这座塔就是南京报恩寺琉璃塔。

在当时,随着中国瓷器、丝绸、茶叶等商品的大量输入,欧洲人对中国极尽想象与渴慕。在他们眼里,"中国"二字就意味着高级、奢侈、优雅,于是他们竭尽全力模仿中国的一切,除了生活器物、服饰,还有建筑乃至生活方式,都极力向中国元素和中国风格靠拢,这种风潮史称"中国风"(Chinoiserie)。

欧洲启蒙主义思想家伏尔泰曾赞美中国是"世界上唯一一个奖励美德的国家,也是世界上唯一一个能使入侵者采用他们法律的国家"。

而这座琉璃塔,正是当时"中国风"中最著名的代表之一,也是欧洲人最喜爱的中国元素之一。

南京报恩寺琉璃塔建于明成祖永乐十年,此地旧址原本就是南方的佛国圣地。三国的东吴在此修建了长干寺，南朝时大梁又继修阿育王寺，到了宋代这里成了天禧寺，明成祖时期在这些寺庙旧址上动手修建的大报恩寺，也是当时规格最高、规模最大的寺院。

建这座寺院一共动用了十万工匠，花费了十九年的时间，等寺院建成，其中的琉璃塔便成为整个建筑群里最闪耀的明星。

这座琉璃塔外观为八角形，一共九层，高约78米，是当时中国最高的建筑。由于塔檐均覆盖着五色琉璃瓦，外壁又贴上了白色瓷砖，在阳光的照射下绚烂生辉，后来有不少外国人初见到此塔时，便根据它的外观称其为瓷塔。

大报恩寺琉璃塔称得上是一座有声有色的宝塔。它的每一层檐角上都悬着风铎，风吹过塔身，风铎泠泠作响，沉稳清亮的声音飘得很远。

色彩就更不用说了，除了琉璃和瓷砖的五色炫目，塔刹，也就是塔顶部位还装着巨大的明珠；塔身上也被安放了不计其数的金身佛像；塔内外还点有一百多

大报恩寺琉璃塔拱门
明
南京博物院

盏长明灯，整座塔璀璨流光，华彩斐然。这毫无疑问算得上是当时中国最美的塔，所以自然成为外国人中国之行最难忘的记忆。

到了1655年，大报恩寺琉璃塔一举成名，蜚声海外，这都源于一位画师的宣传。

1654年，距离明朝灭亡已经过去十年，此时已是清朝的天下。当年这座塔让荷兰东印度使团出访南京的随团画师尼霍夫一见倾心，于是他便围绕这座绚烂的琉璃塔画了许多作品。回到欧洲以后，这些充满异国风情的作品被制作成铜版画广泛流传，于是一场"南京瓷塔热"就此被掀起。

欧洲人在当时以"山寨"中国货为荣，这座美丽的塔自然逃不过被疯狂模仿的命运。

抢先一步的是法国国王路易十四，据记载，这位对中国文化极为热衷的皇帝甚至还穿过一身中国服装面见群臣。出于对中国的仰慕，他还给当时的康熙皇帝写过一封信，信中对康熙皇帝极为尊敬和亲切，称他

当时欧洲的版画上所绘的大报恩寺琉璃塔。

为"至高无上、伟大的王子,最亲爱的朋友"。不过,信并没有到达康熙之手。当然这也并不妨碍路易十四对中国的热情,1670 年,路易十四让人在凡尔赛宫仿造了一座瓷塔——特里亚农瓷宫。

英国人紧接着后来居上。1762 年,钱伯斯负责设计英国皇家植物园——邱园,在园内他几乎按照原样复制了这座宝塔,邱园塔极其忠实于原型,在当时也同样成为了英国最高的建筑。

这座塔的声名还远不止于此。

从没来过中国的安徒生，在1839年写过一篇名为《天国花园》的童话，故事当中描绘了世界各地的风物。其中的东风不仅穿着中国服饰，而且还回来把他的见闻告诉妈妈："我刚从中国来——我在瓷塔周围跳了一阵舞，把所有的塔铃都弄得叮当叮当地响起来！"

可以想象，在安徒生的脑海里，这座叮当作响的塔该是何等美好。

不过，极为可惜的是就在这篇童话发表十七年后，这座琉璃塔便毁于一旦。

太平天国期间，南京被太平军占领，拥有战略意义的大报恩寺和城市的制高点琉璃塔不幸成为军事争夺的要地。1856年，太平天国内乱，为了防止琉璃塔被清军夺去，太平军炸毁了整座琉璃塔。

唉，这大概正是所谓"大都好物不坚牢，彩云易散琉璃脆"吧。

即便被炸毁，琉璃塔的残片也依旧成为外国人觊觎

这是收藏于南京朝天宫的一套琉璃拱门,"六拏具"是完整的。

和掠夺的对象。当时的英国外交官富礼赐记载:"到南京的每一艘船都去那里做一次掠夺性的旅行,凯旋式地从灰白堆里带走大批的琉璃砖。"

不幸中的万幸,由于宝塔建造极为不易,所以当年工匠们在建造大报恩寺塔时为了防止构件损坏,一共烧制了三套完整的构件:一套用于施工使用,两套作为备用，供日后的维修替换。这两套备用构件被深埋于地下，直到1958年这些构件被发现，再经过民间的广泛征集，最终拼出了这座琉璃拱门。

拱门上的图案在佛教中称为"六拏（ná）具"，也就是六种神物，正中间是大鹏金翅鸟迦楼罗，它的双爪分别抓着两条蛇，蛇的上半身则是女子的形象，她们即是"龙女"。在佛教中，大鹏金翅鸟正是以龙为食，最后它和龙一起被佛祖度化，成为护法。

拱肩处的动物则是魔羯，也就是一种兽身鱼尾的神物，有时候也作羊身鱼尾，也就是黄道十二宫当中摩羯座的想象形象。再往下看，从上到下分别是飞羊、狮子、白象，六种神物海陆空全方位无死角地护持着佛国圣地。

不过可惜的是，南京博物院收藏的这套六拏具缺了狮子。南京朝天宫的市博物馆内还有一座它的"孪生兄弟"，则是六拏俱全的完整拱门。

现在我们只能从当年西方人留下的写实版画和各种

山寨宝塔上，想象琉璃塔当年的风采。

　　现在，南京又在原址上重建了琉璃塔，只不过这个新建的塔整个塔身是由玻璃建成的，剔透轻灵，高度也比原来的塔上长了15米，全是一派现代气息。

　　即使在眼下，宝塔仍然被视为中国最具代表性的标志之一，所以连美剧里经常出现的中餐外卖盒子上，也印着一座醒目的红塔，在各种剧集当中格外挑镜。而这座红塔的灵感原型，据说正是南京的这座大报恩寺琉璃塔。

美国的中餐外卖盒

秋风纨扇图

明

「风流才子」原来这样寂寞感伤

苏州古称吴，吴侬软语，吴歌楚舞，听着就曼妙柔美；苏州古时又称姑苏，这两个字刚一念出来，便立刻让人联想到粉墙黛瓦，水痕淡淡，再悠悠地传来一阵评弹，清丽甜柔，连同这里的食物，也都是软糯甜酥的，一切只让人心都要化掉。

被这方水土养育出来的文人和他们的画作，应该是什么样子的呢？

我们常说文如其人，画如其人，所以，我们倒应该先来看苏州的文人吧。

苏州最著名的文人一定是那位风流才子唐伯虎。

在民间，唐伯虎才气纵横、风流绝伦，诗文书画无所不精，加上他恃才放旷、浪荡不羁，这样的性格也就让他成了各种八卦故事传闻野史里最受欢迎的主人公之一。

他的故事被编成了各种各样的民间传说和戏剧影视，而那个"唐伯虎点秋香"的浪漫爱情故事也成为著名的IP，虽然被无数演员演绎过，却仍然具有惊人的吸引力，在苏州本地，这个故事至今仍是评弹里最受欢迎的主题之一。

纵然你猜得到故事的结局，但故事的经过我仍然愿意再讲一讲，毕竟它恰是大家想象当中唐伯虎风流才子形象的最佳展现。颇多曲折的细节里，展现的都是唐伯虎的潇洒俊逸，由此也可以推想这位艺术家的绘画作品会是什么样的风格。

烟柳繁华的苏州是很适合作为爱情故事的背景的。

传说中，无锡华学士的夫人带着一众丫鬟来吴中进香，正巧遇到了前来虎丘游玩的唐伯虎。唐伯虎被华府一位风姿明丽的丫鬟微微一笑所吸引，于是一路跟到了进香的寺庙里。就是这么巧，这个丫鬟无意中遗落的一块手帕却偏偏被唐伯虎无意间拾到，不得不说缘分天注定。唐伯虎后来又遇到那个丫鬟，把手帕还给了她。丫鬟于是对着眼前人再次嫣然一笑。

原来那个丫鬟名叫秋香，是华夫人最宠爱的婢女，唐伯虎和秋香偶遇，秋香对他一共巧笑三回，这便是著名的"三笑"。

为了赢得美人的心,唐伯虎隐姓埋名应聘为华府的书童,被取名华安。后来唐伯虎因为机智忠实,赢得了华府的器重,他又与他的好友文徵明、祝枝山一起用计迫使华夫人同意他选府上一位丫鬟为妻。

最终,唐伯虎选到了秋香,如愿携得美人归。华学士后来听说府里的书童华安竟然在唐伯虎家,不明其中蹊跷。等他赶到唐家才发现原来华安正是大名鼎鼎的才子唐伯虎,待他又看到秋香才知道事情的真相。于是唐华两家自此交好。

你发现没有,这个故事的配角其实也很出彩,比如唐伯虎的两位好友文徵明和祝枝山,他们也都是大名鼎鼎的吴中才子,和唐伯虎一起荣膺"江南四大才子"的名号,这下让人觉得吴中的才子们,莫非个个都是这样风流倜傥?

如果你相信故事的话,你一定会想象这样的风流才子唐伯虎该是多么春风得意啊,所以也会猜测他的作

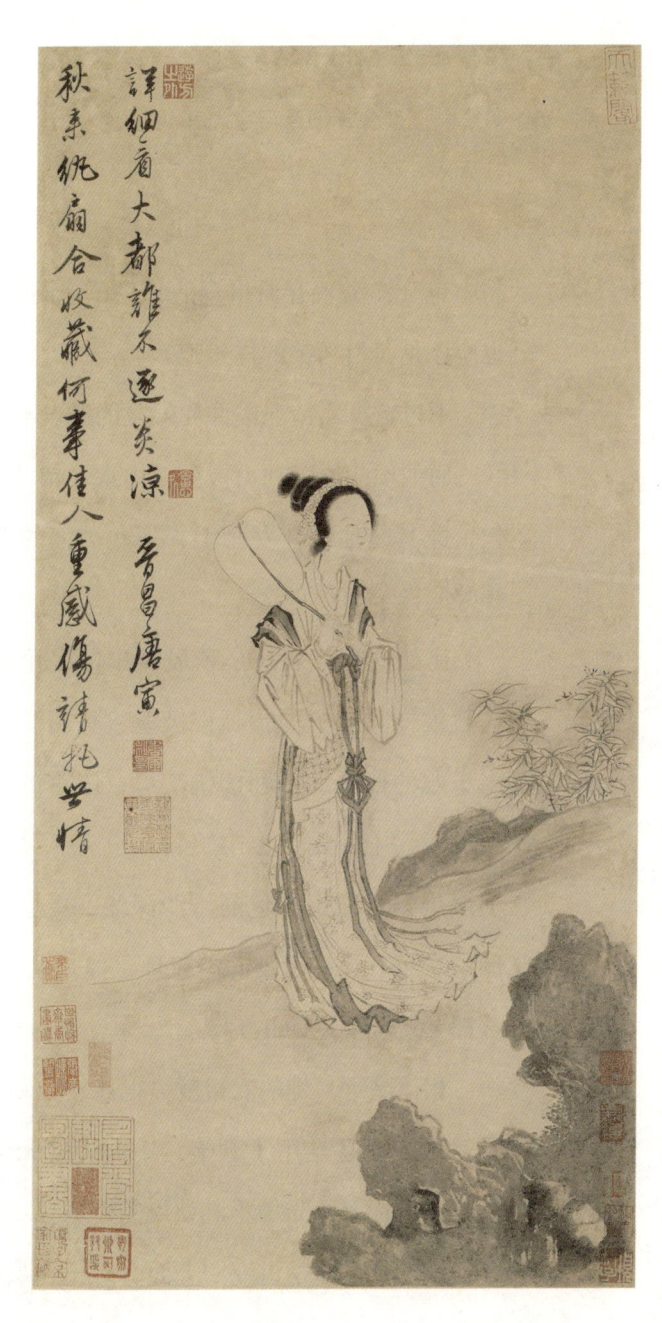

唐寅《秋风纨扇图》
明
上海博物馆

品中也会洋溢着春风得意的气息，连同他笔下的女子，也应该是美目巧笑的样子吧。

不过，真实情况或许和想象的有点不同。

唐伯虎的绘画功力极深，山水、花鸟、人物都很擅长，尤其是他的仕女画上，那些美丽的女子都是袅袅婷婷的样子。

比如这幅代表作《秋风纨扇图》里的女子，正是这般模样。女子的脸画得极淡，只用淡淡的墨笔勾勒出了她的柳眉细目和樱桃小口，浓重的墨色全用在了她的发髻上，用笔温柔婉转，没有一处硬笔直线，加上层层晕染显出发色的浓淡深浅，更增添了蓬松浓密的层次感。还有她发间的钗环，像是朵朵铺舒的流云，雾鬟云鬓也不过如此了吧？

相比之下，她的衣裙就显得比较"硬"了，线条多是直线，而且全用了颤笔，一面表现深闺仕女的凌波微步，一面又显出她不胜秋风的娇弱。

她的衣裙非常讲究，上面有绣花和织锦的纹样，但图案素洁雅致,胸前的罗带结,是她通身的服饰中最抢眼的一笔。

罗带和同心结都是关于爱情的暗示。在宋词里有许多关于它们的句子:"空持罗带,回首恨依依。""罗带同心结未成,江头潮已平。"大多是感伤的调子,所以在这里看到这触目的罗带同心结,让人不由想到那些相爱的人最终不能相伴的悲情故事。

是啊,你没有发现她的神情也略带感伤吗?风起了,秋来了,她却还捧着一把纨扇出神,明显不合时宜,却似乎又心怀不甘。扇子似乎还没怎么用过,天气便突然凉了下去,此刻她还像往常一样打起扇子,却瞬间感到了凉意,让她不由得微微发颤。她一下子便愣住了,有点反应不过来,夏日的那些炎炎旧时光,为什么去得这样快?这样急?

自从汉代的班婕妤写了《怨歌行》,秋扇便成了女子被弃的象征物:"裁为合欢扇,团团似月明。出入君怀袖,动摇微风发。常恐秋节至,凉飙夺炎热。弃捐箧笥中,恩情中道绝。"

秋扇见捐也成了一个专门用来形容古代女子被爱人抛弃的凄凉成语。这真是比罗带未结更孤单寂寞更悲伤的事啊。

这样凄凉苦楚的主题和画面,让人如何能把它与那个诗酒趁年华的风流才子联系在一起呢?

唐伯虎大概还怕人家看不明白画中的含义,所以又在画上自题了一首诗,把自己心中的凄楚和怨愤说得更明白:"秋来纨扇合收藏,何事佳人重感伤。请把世人详细看,大都谁不逐炎凉。"

这位传说中的风流才子,似乎格外哀怨。

女子色衰爱弛,像纨扇一般在秋天被人抛弃,才子的人生与她们又何其相似啊!世态炎凉,人情淡薄,他失却了做官展志的机会,落魄中对这些的感受也就越发清晰了。唐伯虎的人生根本不是传说中那般花团锦簇,哪里有什么风流才子俏佳人的美丽故事啊,他的人生里真正充斥的是从天而降的无妄之灾和一腔无处诉说的怨怒不甘。

所以，故事归故事，现实归现实，现实比故事要残酷得多了。

我们还是看现实吧。

唐寅，字伯虎，号六如居士、桃花庵主等等，他生于成化六年二月初四，卒于嘉靖二年十二月二日，一共只活了五十四岁。

他确实是个超级神童，十五岁时，唐寅以第一名考入了苏州府府学，成为童生，这算是科举之路的正式起程。

到了二十八岁，唐寅第一次参加乡试（全省的考试）就考中了应天府第一名，称为"解元"。这一下子，新解元的名头响彻姑苏，后来民间塑造的风流才子形象也就在此时慢慢成形。

不得不说人生的辉煌来得真快真猛，不过唐伯虎倒不会觉得猝不及防，他很清楚自己的才华，抱负自然也远大得很，眼前这点小小的成绩远不足以让他得意忘形。

不过，出名要赶早，这种感觉真的很好啊！

这段日子里，他的眼里心里满是春风，满是对人生的期待，是绝对不会想到什么秋风纨扇的。

可惜造化弄人，当时的唐伯虎不可能料到，小小的解元，最后竟然成了他人生中最辉煌的巅峰，而那些凌云壮志，却一下子成为了泡影梦幻。

事情说来出人意料又莫名其妙。

乡试过后第二年便是会试，也就是全国统考。那一次的考试题目奇难无比，几乎无人能够答得上来。偏偏唐伯虎和另一位名叫徐经的考生不仅答上来了，而且妙笔生花。但坏就坏在这两位在考前拜访过主考官，所以大家一致认为其间必有舞弊之举。

科场舞弊案一下子闹得举国皆惊，皇帝震怒，下令彻查。

据证实徐经确实参与了舞弊，但查来查去，始终查不出唐伯虎参与的实据。但毕竟事出有因，唐伯虎与徐经过从甚密也是实情,所以在这样天下震惊的大案里,即便他清白无辜,也只好成为皇帝平复人心的牺牲品。

我相信以他对自己的自信,绝对不屑于去做舞弊这样的事,何况凭他的才华,科考本就应该是一马平川,他也犯不着冒这样巨大的风险。

经过几番查证,确实查无实据,唐伯虎才没有被打下狱,但皇帝下令他永远不得为官。也就是说,他被永远挡在了科举进仕的大门之外,顶多只能做个小吏,在底层的蝇营狗苟里混迹沉沦。

这绝不是唐伯虎想要的未来,这本不应是属于风流才子的人生。

不为官,古时的读书人便失去了人生所有的希望。自小便从圣贤书中建立的修齐治平的理想,瞬间在他心里成了灰,一切都寂灭了,连同他的生命里的光和热,都冷了下来。

一下子从云端跌落,触手可及的美好未来转眼成空,从来没有体验过的世间凉薄,现在一下子全涌向了他。种种不幸使唐伯虎的人生变得厚重深沉，不过其中带着浓浓的苦涩味。自然，到了这个时候，他的心里秋风纨扇的情境也就变得真实起来。

剩下的人生里虽然他壮志难酬，但总还是能做些事情吧。寄情诗文书画，或许能稍稍发泄一下憋闷愁苦，安顿一下他的灵魂。

到底是名满天下的才子，他转向哪里，哪里便华彩焕然，所以当他致力于书画之时，明代的艺术史也就因此增添了别样的光辉。

我们在这里单说说绘画。相比于那些视绘画为"墨戏"的文人画，唐伯虎的山水画相当认真，营篇布局和细节处理都极其用心，笔墨里甚至带着一种近乎匠人般的工整和稠密，所以更显得谨严雄劲，独具一格。

这样的作品在当时就很受追捧，所以他也就乐得"闲来写就青山卖，不使人间造孽钱"。

话虽这么说，但到底还透露出他的倔强和委屈。

从艺术史的角度来说，我们倒是要"不厚道"地庆幸他一生郁悒不得志，或许他春风得意忙碌于官场，留下的杰作就会少许多吧。历史很高明，它用一位寻常的官员换得了一位杰出的艺术家，真是很值得。

除了通过画面和题跋表达自己难平的心意，他还用钤印直接传达着心境。唐伯虎很喜欢用"江南第一风流才子"和"南京解元"等印，这并不是他执念于自己曾经的辉煌，而是一种

唐寅《渡头帘影图轴》
明
上海博物馆

对科考的调侃和反讽。这幅《秋风纨扇图》上的钤印则更有意思,画的左下方有一方不常见的闲章"龙虎榜中第一名,烟花队里醉千场",看上去神气活现充满得色,但在了解了他的真实境遇后,我们便能从中读出他的一片无奈与心酸。

唉,罢了罢了,人生没有如果,也没有重来,他爱桃花,便当好他的桃花庵主可好?看他的《桃花庵歌》:

桃花坞里桃花庵,桃花庵下桃花仙;
桃花仙人种桃树,又摘桃花卖酒钱。
酒醒只在花前坐,酒醉还来花下眠;
半醒半醉日复日,花落花开年复年。
但愿老死花酒间,不愿鞠躬车马前;
车尘马足富者趣,酒盏花枝贫者缘。
若将富贵比贫者,一在平地一在天;
若将贫贱比车马,他得驱驰我得闲。

别人笑我忒疯癫，我笑别人看不穿；
不见五陵豪杰墓，无花无酒锄作田。

你看诗中的那位主人公，看似看破俗世，纵情诗酒风流，但我们却越读心里越不是滋味。

他心中的火到底还有一丝余热未了，四十四岁时，他被明宗室宁王重金征聘到南昌，本以为是一酬壮志的人生转机，哪知却是龙潭虎穴的陷阱。宁王此时正在准备谋反，幸好唐伯虎发现得早，于是佯装疯癫逃回故里。后来朝廷平定了宁王之乱，唐伯虎因此逃脱了杀身之祸。

经过这一番起落，唐伯虎信了佛，自号"六如居士"。"六如"来自《金刚经》中的句子："一切有为法，如梦幻泡影，如露亦如电，应作如是观。"

这时候，他离最后的时日已经不远了。据说到了五十四岁，身体早已不强健的他在朋友家中看见苏轼的一句"百年强半，来日苦无多"，于是触动心思，从

此卧病，旋即离世。

他死后葬在桃花坞。

这个地点真好啊，一生被世人贴着"风流"标签的人，最后有了这样一个粉艳艳的归处，没有更适合的了。

他的好友王宠、祝允明、文徵明等人凑钱为他安排了后事，祝允明撰写了千余字的墓志铭，由大书法家王宠手书。还好有这篇墓志，我们才得以知晓关于他的许多事。

当然，其中并不包括那个"三笑"的故事。

唐寅《古槎鸜鹆图轴》
明
上海博物馆

明

坤舆万国全图

世界尽在眼底

未知的远方对于人类永远充满着巨大的诱惑力，所以无论古今中外，人类都竭力向远方探索，这才有了历史上壮阔的大航海、大发现时代。

不过，你有没有想过，当你想要去追寻远方，最重要的工具是什么呢？

对，就是地图！

人类制作地图的历史很悠久，在我们中国，最大的地图大概可以追溯到四千年前夏禹所铸的九鼎，鼎上便已经有了表示九州山川地貌的原始地图。

现在保存下来的最古老的地图，是刻在甲骨上的《田猎图》，记录的是打猎的路线，距今已有三千五百年历史。

由于古人的活动范围非常有限，所以地图在古代更重要的作用是帮助统治者制辖领地；如果遇到战争，它更是制定战略战术并且实地带兵作战最重要的辅助工具。可想而知，春秋战国时期诸侯混战，对地图的需求很强烈，所以地图的绘制水平在当时提升很快。

不过到了秦汉时期，天下一统，地图就变得没那么要紧，所以也就没落了很长一段时间。

到了三国时期，地图成为重要的军事战略工具，据说吴国已有人用五色丝线绣成地图进献给吴主孙权。

西汉初期长沙国南部地形图，利豨墓出土。迄今为止发现最早、编制最准确的军事地图。

西晋时，终于出现了一位有名有姓的地图专家裴秀。裴秀领导和组织编制成了《禹贡地域图》十八篇，这是中国和全世界见于文字记载的、最早的历史地图集。之所以称裴秀为地图专家，不只是他制成了这些地图，更重要的在于他建立了明确的地图绘制理论，提出"制图六体"。

制图六体分别是：一为"分率"，即现在的比例尺；二为"准望"，用以确定地貌、地物彼此间的相互方位关系；三为"道里"，用以确定两地之间道路的距离；四为"高下"，即相对高程；五为"方邪"，即地面坡度的起伏；六为"迂直"，即实地高低起伏与图上距离的换算。

裴秀的理论确实考虑得相当周到，涵盖了地图绘制的要素，所以这"六体"也成为我国清代以前地图绘制的基本原则。

有了"制图六体"的规范，中国地图的绘制无论是在精度上还是囊括的地域广度上，都得到了前所未有的突破。

到了唐代，贾耽历时十七载完成的《海内华夷图》成为划时代的巨制，除了十平方丈的宏大篇幅以外，还包含了当时作者所了解的全部地理范围，大致相当于今天亚洲的疆域。地图上还用不同的颜色绘注着古今地名，形成了明确的对照，实在是严谨之至。

此后，地图绘制越来越准确，所涉的范围也越来越广大，人们的视野，也就随之越来越大，胸怀也因此越来越广阔。

不过，我们古代的地图绘制存在一个很大的问题，那就是地图所绘的疆域越大，误差就越吓人。因为我们用的是一种"计里画方"的方法。这种方法是把地球当成一个平面绘制的，但如果所绘范围特别大，涉及了地球的曲面，地图就会严重失实。

后来欧洲人想出了地图投影的办法解决了这个问题。早在公元前三世纪，希腊地理学家埃拉托色尼就创立了经纬网，这为投影地图学奠定了基础。1569年，荷兰地图学家墨卡托设计了等角圆柱投影，这相当于在地球外面围一个垂直于赤道的圆筒，再在地球中心点一盏灯，灯会把地面上的点投射到圆筒上，最后展开圆筒也形成了地图。在这种投影制成的地图上，由于这些投影点的方向、角度和相互位置的关系是准确的，所以大大提高了远航的准确性，这是欧洲在大航海时代使用最广泛的地图。

大航海的成功得益于新的地图绘制法,同时航海这种"实地考察"又反过来校正着地图上的一些错漏的细节,有了理论和实践两方面的强力推进,西方地图上所展现的世界,也变得空前广阔和丰富起来。

地球的东西两边正在以一种难以想象的默契,尽力勾画着整个世界的全貌。

不过,由于当时的世界地图是由欧洲人绘制的,自然是欧洲稳稳地占据着中心,而我们现在最熟悉的以中国为中心的世界地图,一直要等到明代万历年间,才得以完成。

这份地图完成的契机,源于一个从意大利远赴中国的传教士——利玛窦。

利玛窦于明神宗万历十二年(1584年)到达广州,他带来了许多当时西方最前沿的科学物品,其中就包括地图和测绘仪器。当然他的目的不是来进行科学研究和推广,而是来中国传教,这些科学物品是他为了取悦皇帝，允准他传教的礼物。

利玛窦于万历二十九年到京师献上他自制的《万国图志》，果不其然，利玛窦得到了万历皇帝的重视。一年之后，明代科学家李之藻等人在利玛窦的协助之下，创制了一套真正意义上的中文世界地图，这就是《坤舆万国全图》。

利玛窦像

"坤舆"在古代指的就是地，坤舆图便是地图。

当时欧洲最为精确的地图是1570年版的《奥特里乌斯世界地图》，也就是利玛窦献给万历皇帝的这一版。但那毕竟是欧洲人所制的地图，中国和东亚地区的内容存在着大量的错误。

《坤舆万国全图》中不仅纠正了这些错误，而且还

坤舆万国全图
明
南京博物院

加入了将近一半的新地名。《坤舆万国全图》高 5 英尺（1.52 米），宽 15 英尺（3.66 米），它首次带上了经纬格，这是第一幅真正由中国人研究绘制的世界地图。它不

(利玛窦/FOTOE)

是简单地照搬欧洲的世界地图,而是融合了当时最先进的地理研究成果,超越了欧洲,成为当时最精确的世界地图。地图上出现了美洲,这个美洲的轮廓甚至比欧洲地图上还要精确。

由于地图是在中国皇帝的主持之下刻行的,所以中国自然居于地图的中央,这极其符合我们一贯的认知。

地图上标明了当时世人所知的五个洲:亚细亚、欧罗巴、利未亚(非洲)、南北亚墨利加(南北美洲)、墨瓦喇尼加(南极洲);清楚地划分出四大洋:大西洋、大东洋(太平洋)、小西洋(印度洋)、冰海(北冰洋)。这几乎与现代地图无异了。

除了中间的椭圆的坤舆图,旁边还附有一些小幅的天文图和地理图,包罗万象。

比起我们现代的地图,这幅坤舆图的内容更加丰富有趣,在各大洋里绘有各种帆船,还有鲸、鲨鱼、海狮等海生动物,南极大陆上最热闹,这里聚集着犀牛、大象、狮子、鸵鸟等动物。

这幅地图,也是第一次使用"地球"二字来形容我们这颗可爱的星球。

其实,绘制这样一幅地图,技术上的难题只是一

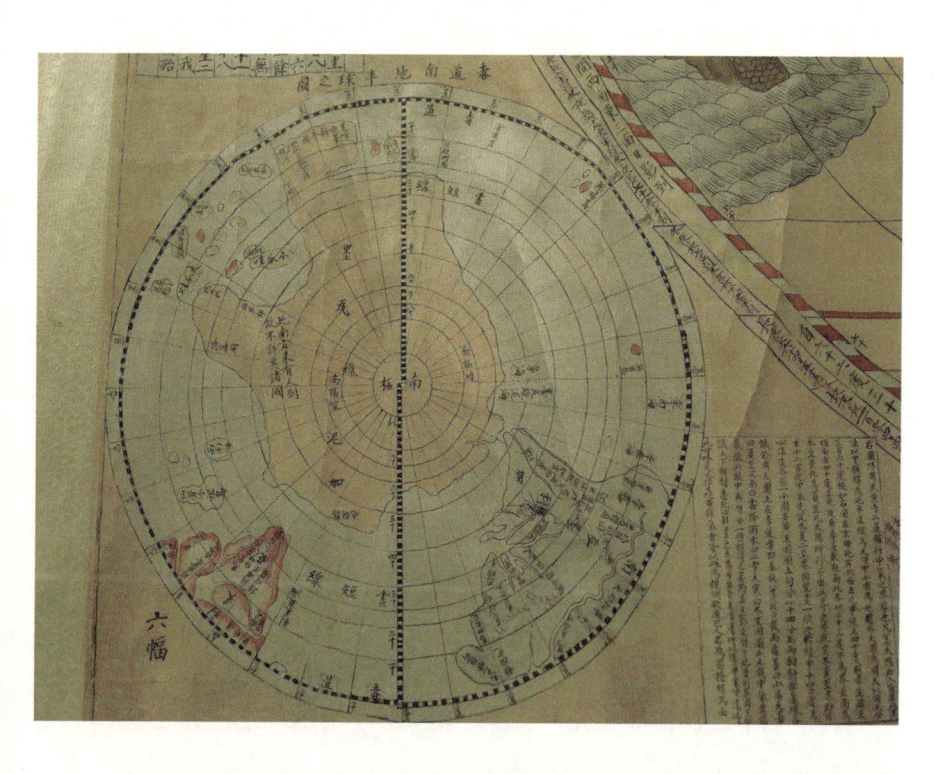

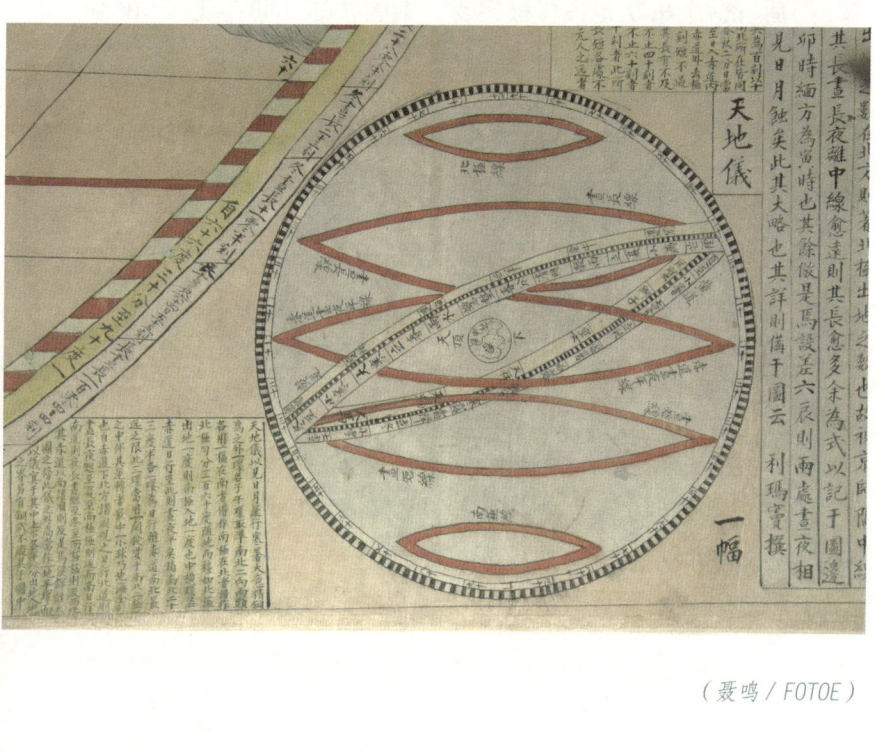

(聂鸣 / FOTOE)

方面，真正花费了许多气力的是扭转当时中国人对于世界的传统认知。我们传统中只有"天下"，没有"世界"，我们中国则是居于天圆地方的天下之中，但是"地圆说"却让这个"天下"无头无尾，也就自然不存在什么中央一说，这对于当时的中国人而言，是何等难以接受的事实啊！

不过，在如徐光启、李之藻等等学者的仔细研究之后，这个事实也慢慢被接受，中国人的"世界观"，由此被重塑。

当然，地图上仍旧保留了我们中国传统对宇宙的认识，比如地图上四个角上还有天文图，分别是"九重天图""天地仪图""日月食图""中气图"。

由于这是一幅以中国为中心的地图，所以对于中国地理的描绘，更是极尽其详，超过了其他任何地图中对中国的描绘。图中不仅标注了中国的各省份、重要城市，还描绘了重要的山川、河流，例如黄河、长江，详细表现了其发源地、流经的省份。

当然，世界著名的河流如幼发拉底河、尼罗河、伏尔加河、印度河等，也都出现在图中。这毕竟是一幅真正的世界地图啊！

据统计，地图上共有1114个地名，除了地理位置上的翔实准确，这幅中文地图上的地名有许多还一直沿用至今，诸如欧罗巴、亚细亚、地中海、大西洋、尼罗河、法兰西、英吉利……

这样一幅世界地图，体现的何止是当时的科学和技术，更是当时中国人的胸怀和眼界。

当时正值世界大航海、大发现的伟大时代，全球掀起了一场地图绘制的热潮，我们这份中文世界地图，正是当年所有地图当中的佼佼者。

地图完成后，万历皇帝传诏摹绘了十二件副本，想来皇帝也有意让世人知道，世界和中国，原来竟是这个样子，这般关系。

按理说，有了这样一份精确、先进的地图，中国的知识分子便可以更方便地了解到外面的世界是何等广大辽阔,何等丰富多彩,绝不至于盲目自大;但可惜的是如果有意想要闭起眼睛,一张地图能起到什么作用?

这张辉煌的地图诞生多年以后,似乎再没有人记起,仍旧是天下之中、天朝上国,而外面的那个世界,像是从来没有存在过一样,以至于鸦片战争爆发后,道光皇帝连英国在哪里都不知道。

明 黄花梨木圆后背交椅

英雄排座次少不了它

提到"交椅",让人很容易就想到梁山好汉排座次,论资排辈一溜儿坐下去,算是对身份地位的认可。

交椅因为造型方正板直,加上恰好让双足垂地的高度,所以一旦坐上,自然就升起一股正襟危坐的架势和不可冒犯的威严,要是换成其他任何家具,可就难得有这样的效果了。

古人把交椅设计成这样,让人坐得舒服是其次的,它最主要的用意在于塑造气质、端起范儿,用我们老话说,就是要让人"坐有坐相"。

不过,这种深具"道德教育功能"的坐具,其实是十足的外来货,并不是纯正的汉族血统。

汉族的传统是席地而坐,所以最早的坐具是席子,与之相配合的家具,是较矮的案、几。

汉代丝绸之路贯通以后,西域的家具胡床开始传入中原,尤其到了两晋南北朝时期,胡床开始在民间流行开来。胡床的设计类似我们现在交脚可以收起来的轻便椅子。

黄花梨木圆后背交椅
明
上海博物馆

此时，经西域还传入了扶手椅、方凳，这些家具的出现和流行也更进一步促进了汉族由席地而坐慢慢向垂足而坐的转变。

这种胡式家具的实物现在几乎不存，但在敦煌壁画、塑像当中却有不少表现。

在民间，一直到隋唐时期，垂足而坐和席地而坐两种方式都还并存着，这甚至影响到大家对于唐诗的解读。我们最熟悉的一句"床前明月光"中的"床"，就引发了无数争论，它究竟是床榻还是胡床，直到今天都还没有确凿的定论。

唐代是个开放包容的时代，也是一个变革的时代，反映到人们日常使用的家具上，就是新风格、新样式层出不穷。因为当时人们习惯的坐姿不同，所以高低型家具也在这一时期并存，此外还有圈形扶手椅、长桌凳、腰圆鼓凳、靠背椅、顶帐屏床等新发明，和我们现在熟悉的样式就相差无几了。

除了实用以外，唐代已经开始注重家具的装饰性，在家具的一些部位上进行图案雕饰，家具的装饰性也就越来越强，越来越能区别使用者的身份了。

到了宋代，垂足而坐的姿态在中国取得了全面的胜利，家具自然也就要根据人们的生活习惯慢慢改变。家具既要符合实用的需求，又要符合审美的需要，这也就为工匠们提供了发挥才智和想象力的机会。

明代是中国传统家具发展的巅峰期。明代家具种类极为丰富繁多，并且开始出现了成套的组合家具，圈椅、官帽椅、玫瑰椅、圆角柜、翘头案、罗汉床等等，都是明式家具的经典款式。

明代家具之所以被视为巅峰，除了造型美观、线条流畅优雅、比例匀称以外，更讲究的是家具的用料。名贵的家具也要选用珍贵的材料打制，诸如黄花梨、紫檀、乌木、鸡翅木、楠木等木料，都是需要多年才能成材的名贵树种，所以得来极为不易。由于这些木材具有天然的纹理，典雅含蓄，本身就极具观赏性，所以明式家具并不以雕饰取胜，造型也极为简洁明朗，为的就是充分展现木材的天然之美。明代的家具像是翩翩公子，自有一股遗世独立的清贵气质。

由于名贵的木材实在珍稀难得，制作家具之后的边角余料也都被工匠善加利用，制成了小型作品，比如镜台、小座屏等等，哪怕是更细碎的边角料也都不浪费，被有心的工匠制成了小巧精致的把玩件。明代人对于木料的理解和利用到了极致。

紫檀木扇面形南官帽椅
明
上海博物馆

明代还有一些身份特别的人，也对木工活很有兴致。比如一些清雅文人就有自己设计家具的闲情逸致。明代著名文人高濂就设计过一种"滚凳"，更著名的文人"玩家"李渔在《闲情偶记》中也提到他设计的暖椅、凉机。

还有一位身份更特殊的木工爱好者，这就是明熹宗朱由校。

如果他不是个皇帝，一定是个相当出色的木匠。据记载，明熹宗嫌弃工匠制作的木床用料多、样子笨，所以就自己设计图样、动手制作，连床架上的雕花都亲自完成，最后造出的床既坚固又轻便，床板还可以折叠，为当时的工匠所叹服。明熹宗设计制作木头玩具也很在行，据说他特意制作了一些精巧的小木人让人拿到市场上去出售，引得市人高价收购，这更让他夜以继日地沉溺于木工当中。

对于皇帝来说，在这种爱好上废寝忘食是极其危险了。熹宗为了专门研究木工，让宦官魏忠贤大权独揽，其结果就是这个宦官残害异己、迫害忠良,又加上当时北方的女贞已经在白山黑水之间崛起,对明代的江山构成了巨大的威胁。就在熹宗一凿一斧玩木头的时候,他的江山在内忧外患当中也一点一点滑向深渊。

　　古典家具到了清代尤其是乾隆朝,开始追求富贵荣耀,于是大事雕琢,反而让人有堆砌之感。原先明式家具的疏朗被繁复所取代,从审美上来说,这真叫作过犹不及了。

紫檀嵌黄杨宝座
清
故宫博物院

这件宝座的装饰不仅繁缛,而且还带有中西合璧的趣味。

清

鱼鸭图卷

墨点无多泪点多

中国绘画史上有个名号常常让人误会,这名号其实是一个人,却总让人以为是一个组合,而且还是个八人的大型组合,这就是"八大山人"。

我们干脆从这个让人误会的名字说起吧。

这个名号的来历众说纷纭,有人说是拆字,有人说是谐音,有人说因为他是高僧,由于他常手持《八大人觉经》而起了这个名号,也有人说因为"八大者,四方四隅,皆我为大",不过这个说法听起来就颇有几分狂傲了。

连名字从何而来都让人不得其解,看来这位"山人"真是个神秘人物。

嗯,还是直接曝光他的真名吧,我想你或许能猜出一点端倪。

八大山人是明末清初人,原名朱耷(dā)。

他姓"朱",你没猜错,他正是明代宗室,明太祖朱元璋第十七子朱权的九世孙。

若是在明代,这正是个显赫的姓氏,但时代不同了,明灭亡后,这个姓氏不仅不能带来任何光彩,反而还很危险。

清军入关的时候,朱耷十八岁,过了一年,他的父亲离世,又过了三年,他的妻子离世。命运对于他实在有点残酷。

亲人离世让他的世界彻底冷寂下来,加上他这个姓氏带给他的潜在危险,留给他的只有一条路——落发为僧。在这个节点上,出家当和尚,伴着古佛青灯研究他的丹青笔墨,已经是他能够找到的最好出路了。

根据史籍记载,少年时的朱耷"善诙谐,喜议论,娓娓不倦,尝倾倒四座"。原本的他是个多么活泼幽默的演说高手啊,可是经历了国破亲亡之后的他,出家时几乎已经不会说话了,甚至连表情都变淡了,只用冷冷的目光和轻轻的手势来稍微表达一点心迹。

对于此时的朱耷来说,还有什么需要用语言表达的呢?还有什么话值得说呢?

他将唯一想说的东西,全画在了画里。

朱耷是个才华丰厚的人，山水、花鸟样样精通，书法也极富个性，但在一般人眼里，它们却似乎是不值得一瞧的。因为它们太丑太怪，太不同寻常，太放肆任性。

他从来不画大山大水，也不画青山秀水，他画中的山水都是用干渴到近乎枯竭的笔墨在纸上擦出一点痕迹，山多半是秃的，树也多半是秃的，他自己对此的说法是"零落山河颠倒树，不成图画更伤情"，说得很贴切。从画面上看，他似乎根本没有心思让这些风景成为图画，更不可能用这些来博人欢心，他甚至有意让画面显出一片死寂和肃杀，让人心生厌恶。

朱耷确实是故意的，他在一首题画诗里道出了真相：

墨点无多泪点多，山河仍是旧山河。横流乱世杈桠树，留得文林细揣摩。

虽然画面上着墨不多，但功力深厚的他只需寥寥几笔，便已将自己全部的悲愤展露出来。

花鸟是他最擅长的领域，他更是惜墨如金，以少胜多。和他画的山水一样，可想而知他笔下的花鸟也一定不可能是传统中优雅富丽的样子。但我估计你无论怎么猜想，见到画作的第一眼，仍然还是免不了要大吃一惊。

因为在他之前，还真没有人这样画过花鸟。

他很喜欢画鸟和鱼，飞鸟在天鱼在水，这该是何等的自由，但眼下的他，大概和"自由"二字离得最远了吧。

你看这幅《鱼鸭图》，不管是鱼还是鸭，它们都自顾自地，几乎不与其他同伴招呼，既孤单又孤傲。由于画面留白面积格外大，所以也就更显得特别冷清。留白的地方是表现水的清阔和邈远，但画家连一丝淡淡的波纹也不肯画，所以这些鱼和水鸟又像是飘浮在空中一样，无所依傍。

世界静到了极点，于是生出了旷古的孤寂。

这正像画家的内心。不过，他应该是享受这样的孤寂的，这样纷杂扰攘的世界带来的只有痛苦，何必要和它亲近？即使世界主动亲近过来，他也会立刻丢去一个白眼。

嗯，你没看到吗？他笔下的鸟也好，鱼也好，虽然画得极其简洁，连羽毛鳞片都不施雕琢，但有一点是极其突出的，而且极富有表现力，那就是它们的眼睛。

他只用墨圈出一只大大的白眼，再点上一滴小小的

八大山人《鱼鸭图卷》，清，上海博物馆

瞳孔，瞳孔总是点得很高，一副白眼向天的傲娇神色，古怪又倔强。想来画家心里对当时那个污浊的社会不知道翻过多少次白眼，才将他笔下生灵的表情演练得这样活灵活现啊。

可以说在中国美术史上，还从来没有一只鸟或者一条鱼，敢如此任性啊！

而这份任性的前提是他早已不在乎，不在乎所谓的美丑，甚至不在乎生死。他只在乎下笔落墨的时候，表达出的是自己的一片血泪真情。

他的画越是一片真情，也就显得越激愤、越狂乱、

越感人。他的画从来与优雅无关,带着一股粗服乱头的霸蛮劲儿,笔墨也像是自有主张一般,想长就长,想短就短,想浓就浓,想淡就淡。但在这看似一片全无规矩的墨迹中,你却能在其中见到一方崭新的天地,生机盎然,纯真赤诚,坦荡落拓。

他的笔触即便干渴,但其中却总是带着润泽,似乎可以这样绵延不绝地一直画下去;笔端水汽最饱满的要数他画的荷花,墨色浓浓淡淡地洇开来,却总有一股力量牢牢地锁住它们,绝不至于绵软模糊。

他的笔墨随着他的年岁也越发老到圆熟,从早先的奇绝转向后来的淡泊平和,这才是作为一个画家的真功夫!

超越了循规蹈矩,达到了随心所欲。

他的画,或许适合看了又看,然后闭上眼睛。

对于这样"不像""不美"的画,中国绘画的评价传统倒是很宽容,也很准确。在绘画史上,八大山人的地位相当高,我们上面看过他的画,你应该能清楚地了解到这是实至名归，并非有意拔高。

中国传统绘画从来不注重对外物惟妙惟肖的写实，也不以物象的所谓美丑作为标准来评判一件作品的好坏。中国绘画更注重的是笔墨间蕴含的意韵和画面上流露的趣味。

在古代文人看来，绘画不过是用来安顿心灵的另一重天地，所以能够自由地传达心意，获得心灵的栖息之所才是最重要

八大山人《湖石翠鸟图轴》
清
上海博物馆

的，如果刻意追求工丽，那是匠人用来讨好俗众的谋生手段，自然落到了下层，不值一提。

所以在中国传统绘画，特别是文人画中，一直都十分注重抒发情绪和个性。如果用一些文人画家更极端的说法，绘画不过是"墨戏"、是"自娱"，他们甚至从来不说自己的创作是在"画"，而用了一个特别有腔调的词，叫作"写"。写的是物象之意，更是人生之意。

写，是讲究个性的，强调灵感的，也是抒发情绪的。也正是如此，任凭"写"成什么样子，只要自己觉得好便好。

说到底，你高兴就好。

不过，从前的文人到底还是顾及了温柔敦厚的体面，所以看他们的画，也总能让人感受到优雅、轻柔，情感总是节制的，也是幽深的，需要我们不断揣摩方才能得到一二。而到了八大山人这里，他却不管不顾，把自己的内心表达得毫无遮掩，毫无保留。他把传统推到了极致,所以也就生发出了全新的局面。

可以说,八大山人其实是相当"现代"的。你看西方的画家凡·高、蒙克笔下那些扭曲变形的、声嘶力竭的画面,和他的画面还颇有些相通之处呢。

到了后来,扬州八怪、清末的海派巨擘吴昌硕,以及我们

八大山人《湖石双鸟图轴》
清
上海博物馆

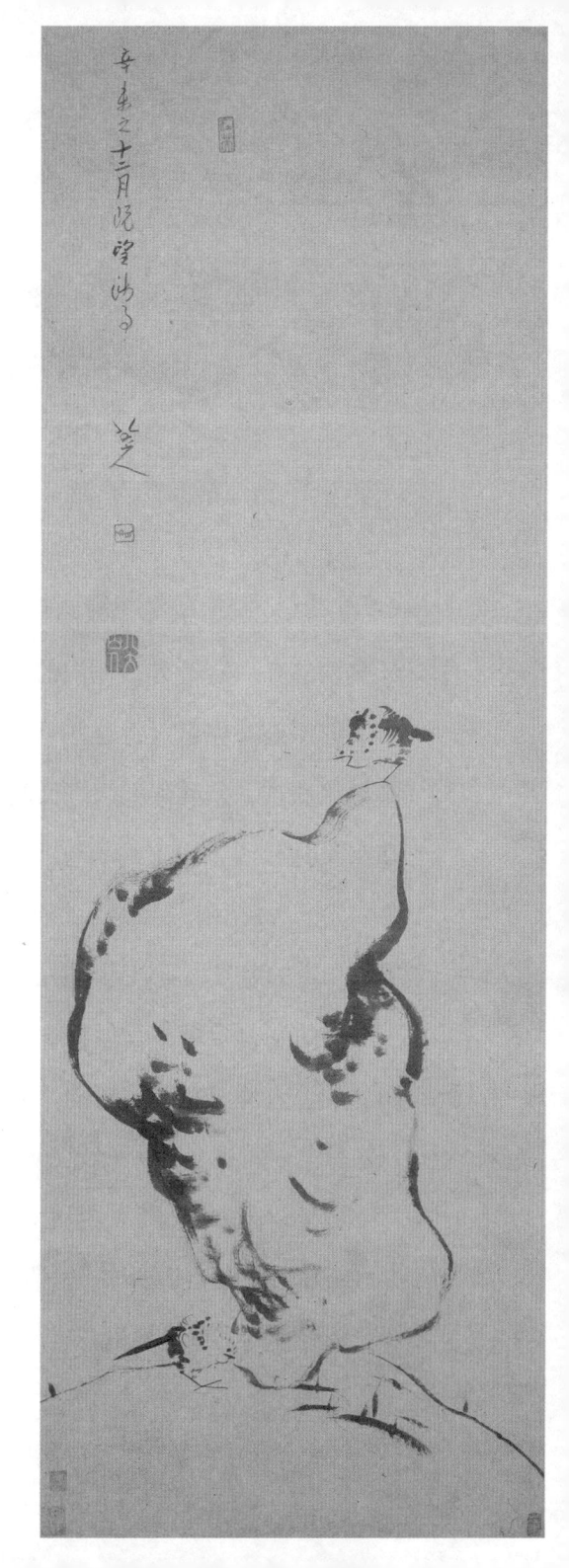

八大山人《河上花图卷》
清
天津博物馆

最熟悉的齐白石等等,他们的作品中都可以看到八大山人的痕迹。你可以将这些巨匠宗师的作品和宋元绘画对比欣赏,差异何其大,而转向中的关键一环,正在八大山人。

关于八大山人,我还没找到机会来说一说他那个大家最乐道的名号,所以还不甘心结尾。

他的字、号极多,他曾在不同时期用过雪个、个山、驴、人屋、良月、道朗、何园以及并不常用的纯汉、传綮、雪衲、卧屋子、弘选等别号。

后来,他由僧入道,再后来又还俗,八大山人的号是在五十九岁还俗后所取,一直用到他八十岁离世。

但在他的书画世界里,有一个签名最为出名,那就

是用这四个字由上到下紧联起来设计的花押，它看上去像两个字，既像是"哭之"，又像是"笑之"。对比现在我们在电子设备上总爱用的"颜文字"，八大山人的这个花押看起来更是表情生动了。

之所以会有这样的表情，他也是以此表达自己故国沦亡、哭笑不得的心情。

在国破家亡的关头，他写过一联："愧矣！微臣不死。哀哉！耐活逃生。"

这一联中的愧和哀，浓缩了他一生的心情。

有一段时间，他发了疯。据记载，他总是癫狂着伏地呜咽，随即又仰天大笑，展现出各种令人吃惊的狂态，这其实是他情绪压抑到了极点后的无奈宣泄。

不管是哭还是笑，其实并不那么重要了，因为哭和笑一样是嘶吼，一样是号啕。

后来到了康熙年间，皇帝下旨对于这些隐姓更名的逃亡者既往不咎。但这时外面的世界对他而言已变得更加无关紧要，他将一颗心全用在了创作上，笔墨便越发纯熟，抱朴守约，返璞归真！

这怒放的生命达到顶峰，笔墨便开出花来。晚年的他，画出了《河上花图卷》，墨色浓淡、绚烂至极。

晚年的八大山人浪迹于南昌及新建、抚州等地，靠卖画度日。

据说到了七十四五岁的时候，他登山还能健步如飞。

曾经大起大落的日子终于归向了平静。

他于八十岁离世，据说贫病交加。

贫和病大概对他来说算不得什么了，甚至连生死、兴亡这样的大事，对他来说，最后也只不过化为画中浓浓淡淡的墨迹了吧。

清

千岩万壑图

这幅画为什么『一团漆黑』？

如果你学过一点中国的水墨画，就会得到一个经验：如果功夫不到家，想画的内容越多、想渲染的层次越丰富，画面就会越"脏"。因为每多一次动作，纸上就会多一点墨色，想擦掉想修改是不可能的，最后反而会把一张还凑合的作品完全弄毁。

所以，大多数时候我们这些初学者为了尽量避免这种尴尬，也就本着宁少勿多、宁缺毋滥的原则。

话说回来，即便是许多历史上的名家，其风格往往也是"惜墨如金"，其中最著名的几位如元代的倪瓒、清初的弘仁等等，笔墨能省则省，连半笔都不肯多画。

当然啦，他们这样做绝对不是因为功力不足，无法充分驾驭水墨，而是因为在传统文人画的审美中，讲究的正是萧疏简淡、言有尽而意无穷的意境，以至于还专门发明出一个词来形容这个特点，叫作"计白当黑"，也就是说画面中的留白和着墨画出的部分一样重要，留白处也要有画意。

不过，艺术史上永远不乏另辟蹊径的人，比如这一位——龚贤。

龚贤生于明万历四十六年，即1618年，早年曾在金陵，也就是今天的南京一带活动。这一带正是明末复社活动的中心。

复社在明末是极有影响力的学社，他们的日常活动除了切磋学问、砥砺品行之外，还带有浓烈的政治色彩，他们要求革除权奸宦官，主张政治改革，成员也大多数是青年士子，人数最多时接近三千人，声势浩大，遍及海内。

复社经历了明末清初的大变局，延续时间很长，其中产生了许多对历史产生重要影响的著名成员。

清军入关之后，复社成员中有一部分组织武装抗清，不惜以身殉国；有一部分成员则遁入山林专注学问，希望用思想作为抗击的武器，其中就诞生了黄宗羲、顾炎武这样伟大的思想家；还有一部分成员为了保命或者为了荣华，甚至是私人恩怨，屈节投降了清

龚贤《千岩万壑图》

清

南京博物院

朝，还在清朝当了官。不过，对于这部分人，清代的统治者其实也很看不起他们，把他们蔑称为"贰臣"，讥讽他们做了两个朝廷的臣子。

"贰臣"当中最著名的是吴伟业、钱谦益和侯方域，他们都极富才华，在明代就已经是文坛的领军人物，名气很响，在当年都是复社的明星人物。不过，他们被老百姓熟知却并不是因为他们的文采。

吴伟业的出名因为他的一首《圆圆曲》，其中有两句："六军恸哭俱缟素，冲冠一怒为红颜。"诗中把吴三桂开关降清描述成是为了争夺美人，当然这并非史实。不过，诗人竟把这种国破家亡转折历史的大事归咎为这样的坊间俗事，显得太过儿戏，能看出这人的格局和思想境界确实是不高。

"贰臣"中，钱谦益地位最高，他是明万历三十八年探花，更是东林党的领袖之一，后来娶了著名的美女柳如是。顺治二年清兵围攻南京，兵临城下之时柳如是劝钱谦益和她一起投水殉国，钱谦益却沉思良久，最后竟然说了一句:"水太冷,不能下。"柳如是听闻之后失望至极,她于是奋身准备自沉池中,却被钱谦益硬拉住了。一个是蜚声海内的才子和领袖,一个则是烟花女子,面对民族气节的大是大非,二人的反应对比如此之强烈,实在是太过讽刺。

侯方域的出名,则源于他正是《桃花扇》中的软弱男主角。

而《桃花扇》,正与龚贤有关。

清军入关后,龚贤流离漂泊,坚守节操,拒绝与权势者合作。到了晚年,龚贤处于半隐居状态,以卖画、授徒为生,最终在饱受欺凌的悲愤和贫苦中离世。龚贤在病中常得好友孔尚任照顾,在他离世之后,丧事也全凭孔尚任料理。

在人生最后这一段时间里,龚贤常将自己在南京的亲身经历讲给孔尚任听,这也成为孔尚任后来写就《桃花扇》的重要素材来源。

《桃花扇》的男主角侯方域是明末"复社四公子"

之一，尤其以散文冠绝当时。年轻俊朗的他与"秦淮八艳"之一的李香君相恋，并以一把折扇作为他们的定情信物。不过，在那个风云变幻的历史背景之下，这样的爱情显得格外艰难，其间交织着明代朝廷内部的争斗以及清军南下的外部威胁，所以他们的故事不再是才子佳人大团圆的套路。

侯方域为避害远逃扬州，李香君受到奸人逼迫，但她誓死不从，以头撞柱准备求死却被人救下，她的血溅到那把定情的扇子上，后来这血痕被人点染成桃花，这就是戏剧《桃花扇》的得名。

后来清军渡江，侯方域和李香君重逢，他们二人在道士的点醒之下双双出家。

如果现实和戏剧里的结局一样，到此结束，侯方域大节无亏，绝无可能被看作"贰臣"。可惜的是戏剧虽然参照了大量史实，但毕竟虚构的成分不少，尤其是结局。

在现实中，侯方域在明朝灭亡后积极参加科考，还帮清政府出谋划策极力镇压农民起义，为此，当时的人讥讽他："两朝应举侯公子，忍对桃花说李香。"侯方域一心想求得功名荣耀，但在清代也并不得志，被钉在"贰臣"耻辱柱上的他一生纠结，在三十七岁便病亡。

相形之下，龚贤站得多么挺拔。

龚贤一生孤孑清苦，但用墨却极为"铺张"，比起别人"惜墨如金"，他的画法便称得上是"挥金如土"了。

我们看龚贤的画，第一感觉就是墨色浓稠，人家"计白当黑"，他却偏偏反其道而行之，算是"计黑当白"。

传统中国绘画注重"留白"，讲求让画面能够"透气"，留几分余地，让人在画面的空白处去自行感受、领悟。而龚贤偏偏不留白，反而非要把画面填得满满的。这种满不是堵塞、堆砌，而是丰盈、充沛。

这幅《千岩万壑图》正是龚贤的代表作，是一幅

虽然一片"黑乎乎",但细节分明、层次丰富。

近十米的长卷。一开始,画面上水渚岸汀,简淡清空,但很快就有山峦石阜排闼而来,让你不禁有点措手不及。

一旦进入了绵延的群山之内,你便很难再走出来,正似所谓"一山放过一山拦"。不过,千岩竞秀,万壑争流,草木葱茏,云兴霞蔚,让人也不愿意轻易再踏出来。

接下来是一片浓湿的云雾,因为墨色重,连雾也显得很重了,吸一口气,进入肺里的似乎已是水滴。浓雾环绕隐现,山也跟着活动起来。

顺着浓雾再行几步,原来有这样一处广阔的水面,无风无浪,浩渺无迹。

山便是千万重，一气并肩排下来，到了水边也就静定了下来，山和水，一浓一淡，一动一静。

到了这里，按照山水长卷的一般格式，拖尾再来一点平而浅的坡石杂树，与起首遥相呼应，来个渐远渐淡也就可以结束画面了。但龚贤笔下的山水却又开始了新的一重峻岭，随即戛然而止，让人不知后面还藏着多少风景，更加意犹未尽。

因为用墨满而厚，所以山石的体积感极强，显得沉郁雄浑，稳稳地压在天地之间，具有难以言说的深沉；由于渲染的层次很丰富，山体的阴阳向背很明显，画面便充满了光感。

龚贤画的完全不是文人有意画得平、薄、疏、散的山水，他并没有追求那份不落痕迹、天外飞仙般的洒脱，而是要把他几十年的笔墨功力，把他那一份厚密密、沉甸甸的心意，把他对山川、对天地、对人生的感受满心满意、实心实意地和盘托出给你看。

真是个认真的实诚人！

龚贤《木叶丹黄图》
清
上海博物馆

这幅画就不那么"黑",所以龚贤这种风格的作品又被人称为"白龚","白龚"多为画家的早期作品。

龚贤这种重墨堆积的画法特点很鲜明，比他年轻一些的画家石涛总结得很到位："黑团团黑墨团团，黑墨团中天地宽。"后来，大家把这种画法叫作"积墨"。而他这种风格的作品也被后人称为"黑龚"。

墨色层层累积，却毫不混沌，反而层次分明、毫端毕见，尤其在一片浓黑之处还藏着叫人拍案称奇的精到细节，这是为观众留下的特殊惊喜。

由于这种画法比较非常规，所以很难学，搞不好就会画得一团漆黑，什么也看不清，尝试的人也就不多。连龚贤自己所编的《课徒画稿》以及与弟子王概编纂的《芥子园画谱》这种中国绘画的入门教科书当中，也没有什么关于积墨画法的内容，可见这大概并非学而能成的。

这也并不代表"积墨"就成了绝唱。

近现代的大画家黄宾虹晚年用墨浑厚华滋，被称为"黑宾虹"，便深得积墨的意趣。

更年轻一些的现代名家李可染，他的"积墨"画法更大胆新奇。李可染不再局限于"墨",而是独出胸臆,诸色皆积,比如最著名的代表作《万山红遍》,通篇用朱砂染就,实在算是化"积墨"为"积朱"了。

清

太白醉酒图

嗯,这是诗仙李白无疑了!

李白在中国无人不知，但要说李白长什么样子，谁敢说自己知道？

不过，虽然大家脑海中为诗仙勾勒的形象都不相同，但也是应该符合这么几个特点的吧——

诗仙一定是个中年男子，穿着白衣赤靴，头戴黑色的软脚幞头，形貌昳丽，风神俊朗。他的下巴大约总是轻轻地昂着，或许是45度仰望的姿势，目光不知望着什么样的远方。他这样站着，却没人知道他的心里激荡着什么，也没人知道他的世界里有什么。

悠悠流云，寥寥长风，皎皎月夜，朗朗星空，这并不是他笔下诗中的世界，这就是他本身啊。

他本是属于天上的人，或许只因为诗兴造访，于是不由多喝了几杯，也就这样被谪下界，当了一回谪仙人。

世人倒真是要感谢他的贪杯，否则这尘世间哪里会有这神来一抹的焕然神采。李白斗酒诗百篇，于是世人都愿意他纵酒放歌，越醉越好吧。

你看，这谪下人间的仙人，连皇帝都没有放在眼里啊。

嗯，也就是画中的样子。

《太白醉酒图》画的就是活脱脱的仙人醉酒、玉山将崩的一刻吧。

画中诗仙已经醉倒了，所以两旁得有内侍扶持。你可别小看了这两位，他们可是当时皇帝跟前的红人呢，其中的一位就是高力士。

这位高力士虽然只是个宦官，却权势极盛。他在武则天在位时就深受赏识，后来因为帮助唐玄宗平定宫廷之乱成功登基，于是深得玄宗宠信，被封骠骑大将军，还被封为齐国公，宦官做到这份上也是独步千古了。

不过，高力士倒不是个专权弄国之辈，他一生忠心护主，后来玄宗驾崩，高力士号啕痛哭，吐血而亡。玄宗的孙子代宗继位，追封他为扬州大都督，将他陪葬在玄宗的泰陵。

就这样一个在当时地位如此之高的权宦，却如此俯

苏六朋《太白醉酒图》
清
上海博物馆

身恭扶李白,李白俊眼修眉,乜着眼睛,神情傲然不羁,尤其这一身飘飘白衣,更渲染出他出尘脱俗的仙气。必须傲然啊,要不然那还算什么仙人呢?

李白一生游历四方,内心其实一直渴望建功立业,所以玄宗征召李白入宫封为翰林的那一刻,他是有一种壮志终于得酬的舒畅的,不过他并没有想到,他到宫廷的主要任务是装点升平,而为杨贵妃写的那三首《清平调》,虽然成为歌咏美人的千古名句,于他来说却多少是带着羞辱的。

"云想衣裳花想容""一枝红艳露凝香""名花倾国两相欢",这不是他想要的、想写的。李白想要的生活是"百战沙场碎铁衣",他生活的背景,应该是:"明月出天山,苍茫云海间。长风几万里,吹度玉门关。"

无奈他此刻只能望见长安一片月,听到万户捣衣声,可他曾梦想的是"愿将腰下剑,直为斩楼兰"啊。

无奈的他只能喝酒吧,不管在谁面前都放肆地喝酒,仿佛只有醉倒不起,行止出格,才能表达自己的委屈与抗争。

皇帝倒是很惜才,从不怪罪他种种醉酒后的狂态,传说有一次他伸出脚来让高力士为他脱靴,皇帝不仅默许,甚至带着格外的欣赏与玩味。不过在皇帝心中,他从没想过这位仙人一般的才子心中有多少纠结和无奈,他也从没有考虑过,既然是仙人,哪里会只有写诗这一点点才能和志向?

或许李白在心底里恨过自己为何拥有如此超尘绝俗的诗才,于是世人便再看不见他其实还有那样的一腔热血吧?或许只有醉倒了,沉沉睡去,才能在梦里晓战随金鼓,宵眠抱玉鞍。你看他腰间和脚上那一点艳红的色彩,在一片雪白的衣衫间多么醒目,他的内心便是这样明亮而火热啊。

最后,他还是因为太狂傲而得罪了人,因此被人谗谤,皇帝于是疏远了他。他最终还是离开了宫廷,既然在这里委屈,那就走吧。"仰天大笑出门去",并且"天子呼来不上船",这才应该是李白专属的神态啊!

梁楷《太白行吟图》
南宋
日本东京国立博物馆

后来安史之乱爆发，他竟然把这次改变大唐气数的灾难看成了上天给予自己一展抱负的机会。他应邀成为当时永王李璘的幕僚，并且自比东晋名臣谢安，想要"为君谈笑净胡沙"。后来因为永王被指有割据称帝的企图，李白也因此被牵连贬至夜郎。

"我寄愁心与明月，随风直到夜郎西。"这是他早年写给王昌龄的诗。这一回，轮到了他自己，或许他的遭遇最后证明，仙人还是不能参与世俗太深啊。

过了两年，朝廷大

赦，他辗转流离终获自由，自由来得真晚啊，他已经五十八岁了，所以他一刻也不能等，千里江陵一日还，但他在人间的岁月不多了，到了六十二岁，李白终于被天帝召回去了，天庭可能因为他如此长久地缺席而寂寞冷清了吧？

关于李白的离去，也是一个谜。在诸多猜测中，我最不相信他是因为老病离世。想来这样的谪仙人应是在醉后跳入江中捉月，才是独属于他的那一份浪漫结局。

他离开的地点有人说在宣城，就是他曾写过"抽刀断水水更流，举杯消愁愁更愁"的地方。现在，他大概是在践行后面两句："人生在世不称意，明朝散发弄扁舟。"

他不过是乘着一叶扁舟归向江海，做回他的神仙去了。

嗯，现在再来看画，我只觉得那位降临人间的谪仙人，真的不能也不会再是别的样子。

这，应该就叫作传神。

民国

宁波万工轿

十里红妆女儿梦

我们古代常常把新娘过门称为"上花轿",可见花轿在传统嫁娶仪式当中是个相当有分量的"道具",其功能大抵相当于现在的婚车。不过要说到繁难和奢侈程度,顶级的花轿比现在顶级的劳斯莱斯幻影不遑多让。

因为这不是一般的花轿,这是"万工轿"。

顾名思义,"万工"便是指在设计制作的过程当中所花费的时间。按一个工匠来算的话,要一万个工作日,也就是说一年到头不间断地劳作,也需要将近二十八年的时间。

当然,这样的工作量一个人根本不可能做得到,因为它涉及木作、漆作等多项工艺,必须由大量的成熟工匠通力合作,经年乃成。

说了这么多,你或许还没有太多概念,但看一眼这万工轿,你便什么都明白了。

一眼望去,你的眼睛大概有点找不到头绪,因为它实在是太复杂、太精致了,如果没有两侧伸出来的抬

万工轿
民国
浙江省博物馆

(刘朔/FOTOE)

竿，你很难一眼认出这是一顶轿子。

说是轿子，但它更像是一座雕梁画栋的小型宫室，但却要富丽堂皇得多。

这样的作品想要仔仔细细说个明白的话，一篇文章完全不够，我们只能从上到下看个大概。

万工轿的制作除了费工时，也同样费钱。整座轿子全由朱金木雕工艺制作而成，也就是以朱漆做底，上面再施以贴金、描金、沥金等工艺，由于使用的金箔占据了绝对的面积，所以整座轿子也就辉煌如金屋了。据计算，制作这样一座轿子所使用的黄金箔竟多达百两，整座轿子重二百公斤左右，当然需要的轿夫人数也多，是真正的"八抬大轿"了。

花轿具有建筑般的外观，所以它的元素中也多见建筑式的构件。

轿顶是五座牌楼，大小错落拱卫中心，称为"五岳朝天"。最顶上往往是高擎毛笔的神人形象，这便是文曲星，意为"魁星点斗"，高中夺魁在古代是对人生最美好的期待。

　　下面的结构堪称一个巨大的"戏台"，各种传统人物故事轰然登场，几乎让人眼花缭乱。这些故事大多来自民间喜闻乐见的戏曲，比如《三国演义》《西游记》《荆钗记》《拜月亭》等等，总之都是寓意吉祥、情节热闹的片段。

　　单是内容繁多还不算奇，最令人叫绝的是这些戏文人物竟然是能活动的！工匠们在人物下方安装着机关，这些人物可以在轿子的行进过程中摆动。新娘坐在轿中这一路，便由这些人物簇拥着，仿佛能够从此花团锦簇地开始一段全新的人生。

　　不过，想要乘坐万工轿其实很费周章。上轿前必须先把花板拆卸下来，等新娘坐进去了再装上。当然，工匠在设计的时候充分考虑到了通风，所以坐在里面并不会闷。只不过这些热闹的装饰都是朝向外面的，可以说热闹是给外人看的，至于新娘在轿子里是喜是悲，想着什么样的心事，又有谁知道呢。

梳妆镜台,浙江省博物馆

(海峰/FOTOE)

"十里红妆"的迎亲队伍,浙江省博物馆　　(杨兴斌/FOTOE)

在这充满众多戏曲人物和情景的空隙中，工匠们还设计了各种喜庆寓意的内容，比如麒麟送子、合和二仙、百子吉庆、天官赐福、渔樵问答、福禄寿喜、登科、夺魁、封侯等等形象；至于龙、凤、喜鹊、仙鹤、灵龟等祥瑞之物更是不可胜数；当然，还有各种植物比如瓜瓞、葫芦、石榴、牡丹等等，美好的寄意加了又加，总不会嫌多。

这样华彩夺目的花轿是婚娶仪式的主角，再配上丰厚的妆奁，大的家具、小的红杠箱，一檩檩、一担担，描红堆金，鱼贯而行，浩荡绵延地从女家一路铺排到夫家，这便是十足的"十里红妆"了啊！

古代女子的一生里，这个时刻必定充盈着她们全部的梦想与荣耀。

当然，这样奢华靡费的万工轿虽然令人称羡，但并未在当时的全国风行。它是宁波地区的"特产"，因为这里实在是富庶，当地富豪们便把对女儿们无比的娇宠悉数寄托在这十里红妆里。

万工轿之所以是宁波特别的婚俗，还有一个历史传说。当年南宋的皇帝被金兵追杀，后被一个宁波村姑所救，他于是许诺将来会派人来接村姑入宫，并以他身上的青布襕为凭。但不知是何原因，皇帝派人来时，家家户户都挂着青布襕，无法分辨，皇帝只好下旨"浙东女子皆封王"，于是她们便可以在出嫁时戴凤冠霞帔，乘龙凤花轿。宁波的花轿也因此从那个时候开始，越来越靡丽考究。

留存下来的万工轿数量极稀少，寥寥数件都是晚清或民国时期的。不过现在仍有民间工匠在极力打造新的万工轿，所以，现在的宁波新娘们，或许还能做一场绮丽甜美的十里红妆女儿梦吧。

民国

鼎盛图

古代的「高分辨率三维相机」

我们现在为文物建档，最基础的一项工作就是360度全方位无死角地拍摄它们的全貌和局部细节，这样也便于让普通观众对它们有更清晰的认识。但你有没有想过，在没有照相机的年代，人们是怎样为器物"留影"，并且广为传播的呢？

依照原样画下来几乎是不可能的，所以古人发明了一种绝妙的方法——拓印。

拓印相当于在纸上原样复制，拓成的作品就称为拓片。

拓印的功能极其强大，通常被应用于复制碑刻、铭文等等，连笔锋都可以做到分毫不差。一件文物还可以被拓印多次，所以对于古人来说，拓印就是"拍摄"和"复印"。古代的书法名碑正是通过这样的方式得以广泛流传的。

拓片的内容很丰富，除了书法作品以外，还有大量的历史、地理、政治、经济、军事、民族、民俗、文学、艺术、科技、建筑等内容，所以在漫长的历史当

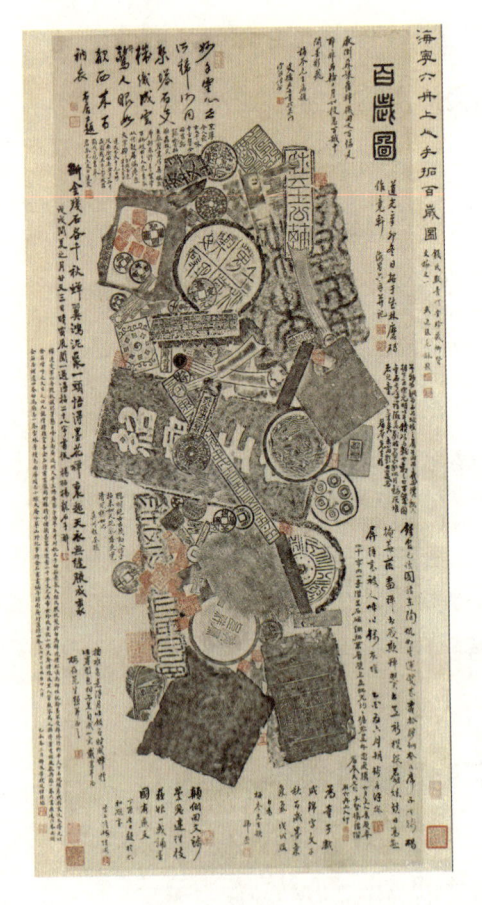

六舟《百岁图》
清
浙江省博物馆

中,即便许多古代器物已经损毁,它们的拓片却完整地将内容保留至今,成为了重要的史料。

由于制作拓片并不十分复杂,所以古人极尽想象,几乎把所能找到的刻有文字和图案的东西都拓了个遍。大到摩崖石刻、书法名碑、画像石,小到甲骨青铜甚至钱币,概莫能外。

制作拓片主要有三步:上纸、敲打、上墨。

先用清水洗净被拓之物的尘垢,待表面干燥后再均匀地刷上一层用中药白芨煮的水。这种水具有一定的黏度，可以防止纸在拓印的过程当中移位。

上纸后用软毛刷把纸平平整整地刷在拓印物上，纸张和拓印物中间既不能有空气，纸张也不能出现褶皱。

为了防止拓印的过程中拓纸受力过多而破裂，在拓纸上一般还会再覆盖一层纸。随后用鬃刷或者扑子来回刷纸面，等字或者图案全部凹到下面的刻槽里就可以上墨了。

上墨要用丝绸包着棉花做成的拓包来蘸墨，再均匀地擦拂或者扑打，最后达到墨色均匀、图案分明的效果便可揭下了。

被拓之物无论是图还是文，大多在一个平面上，所以拓印的时候胆大心细也就足够了。

不过，如果只有这个技术含量，拓印还不太值得我们一说。这门技术最神奇的效果，是制作器物的全形拓，也就是把一件立体器物的全貌都拓在一张纸上，制作出一个完完整整的 3D 照片。

这就是高难度的技术动作了。

清末时期，兴起了以研究青铜器、碑刻为主的"金石学"，全形拓也初创于此时，主要用来传拓青铜器。

最开始，金石收藏家陈介祺采用了"分纸拓"法。先将青铜器量好尺寸，画出精确的外观轮廓图；再将器物分为器身、器耳、器腹、器足等部位分别拓印；最后把这些拓片各部分拼粘在青铜器上相应的位置，就形成了全形。

这还不算最难的。

更有挑战性的是整纸拓，也就是用一张纸拓成整个器形。它运用了西方传入的透视、素描等技法。整纸拓事先也要勾勒出器物的精准轮廓。由于纸面不能裁剪，所以一张纸在拓不同部位的时候要不断转移、对位，一次移动幅度不能大，纹样线条也要拼接流畅，非常费工夫。

全形拓的制作相当繁难，也是当时文人的雅好之

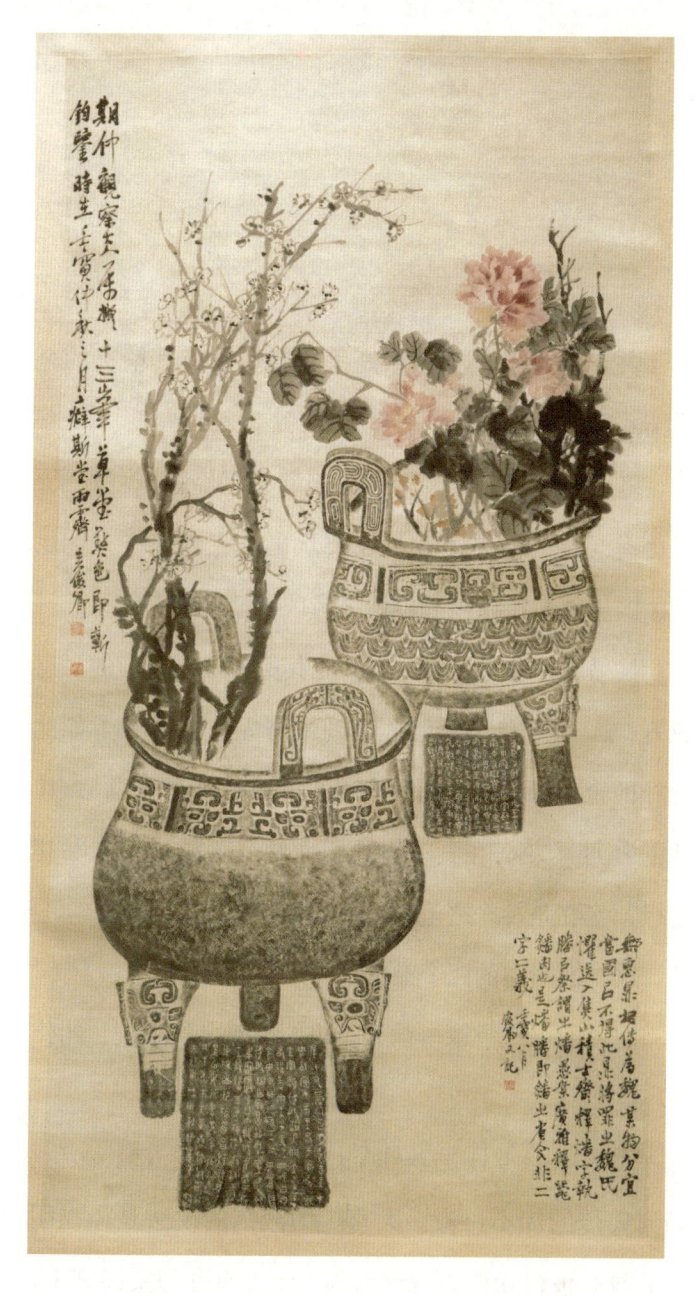

吴昌硕《鼎盛图》
民国
浙江省博物馆

(俄国庆 / FOTOE)

一，并且出现了不少名家高手，制作了极其精美的全形拓片。

将一幅全形拓作为艺术品来欣赏已经相当可观了，但更有想象力的艺术家们还要玩出一点新花样来。比如民国早年海派绘画的领袖吴昌硕，就特别有创意。

吴昌硕是花鸟画的巨匠，尤其擅长浓墨重彩的写意花卉，画面上总是彩墨挥洒绚烂辉煌。恰好有了如此古朴的全形拓片，于是他以鼎的拓片作为"花盆"，让他的牡丹、老梅在其中盛放，而画名《鼎盛图》贴切至极，实在是神来之笔。

这画面当中的两个鼎也很有来头。

左边的一座是肇祺鼎，右边的一座名气很大，叫作"无惠鼎"。

无惠鼎据考证是一件早已失传的周代古鼎，究竟如何失传的却不可考。大家广为流传的说法是鼎在明代的时候被权相严嵩觊觎已久，千方百计想要搞到手，后来严嵩倒台，鼎的藏家魏氏怕最终还是难以保全，于是把鼎送到了焦山寺，所以此鼎又被称为"焦山鼎"。无惠鼎在清代便很有名气，有许多学者考证过它的来历，但也有人质疑它的真伪，从鼎上铭文的书法考订认为它是后人仿铸的。

不过，清代中期以后金石学发展昌炽，大家对这样的古物还是特别重视的。恰好在嘉庆年间，江苏焦山寺里的住持六舟和尚突发奇想，将鼎制成全形拓。据说他正

吴昌硕另一个版本的《鼎盛图》，私人收藏

是"全形拓"技艺的鼻祖。

一时之间,这种新奇的拓片备受文人喜爱,大家纷纷搜求,无惠鼎的名气也就随着拓片的传播越来越大。后来很多画家也都和吴昌硕一样,用它的拓片进行再创作,也留下了许多作品。吴昌硕本人对它厚爱有加,利用它的拓片进行过不少《鼎盛图》《博古图》的创作。

可惜的是,全形拓这种工艺在民国时期失传了,好在现在有当年全形拓的传人经过探索,复兴了这项技艺。

要说写实,全形拓自然不如照片那样准确,但即便是再高清再艺术的现代照片和它们比起来,却也显得有点平淡、浅陋,意趣不足了。

民国至现代

南通博物苑

中国第一家现代博物馆

博物馆的英文 Museum 是个外来词，它源自希腊语 Mouseion，意思是"缪斯女神的圣殿"。缪斯是希腊神话中掌管艺术、科学的九位女神的统称，可见博物馆这个词一开始，就与艺术、科学深有渊源。

人类与生俱来就有收集的爱好，尤其对于珍贵、稀罕的东西更是如此。从原始时代开始，祭司、部落首领们就会收集大量的珍稀之物，当然他们既不是为了艺术审美，也不是为了科学研究，无非是为了占有财富。而这些收集活动，也就奠定了博物馆的雏形。

后来，随着文明的演进和文化的发展，人类的活动范围越来越广，尤其从十四世纪开始，欧洲掀起了学习古希腊、罗马文化的热潮，教皇、君主、贵族们争相搜集当年的古物，甚至不惜代价。这种古物搜集热潮蔚然成风，到了十五世纪末，新航线被开辟，新大陆被发现，欧洲人收藏珍宝的热情越来越高，连市民都参与到收藏的队伍中来。

这些爱好者为了夸耀自己的实力，开始把他们的收藏在小范围内开放,争相展开"赛宝大会"。到了后来,开放的范围日渐增大,这种赛宝大会就和现代意义上的博物馆相距不远了。

不过当时这些收藏、展示的活动都限于贵族圈子内,普通百姓几乎无缘得见。直到1683年,英国牛津大学的阿希莫林博物馆成为欧洲第一个向公众开放的博物馆。

此后,各国贵族、皇室收藏也相继向公众开放,1753年大英博物馆开放;1765年,意大利豪门美第奇家族开放了他们的私人收藏,这就是现在佛罗伦萨乌菲兹美术馆的前身;1793年,法国王室收藏开放,后来就成了大家的卢浮宫;十八世纪晚期,德国巴伐利亚皇家收藏也向公众开放,这就是现在慕尼黑老绘画馆的基础……

连远在俄国的叶卡捷琳娜二世也不甘落后,她大举购入数以万计的艺术珍品和图书、钱币等等,为俄米塔什博物馆,也就是冬宫,跻身世界四大博物馆之列攒下了雄厚的家底，到了1852年，尼古拉一世把冬宫的收藏向公众开放。

除了向公众开放藏品，整个十九世纪，欧洲各国都在轰轰烈烈地兴建新的博物馆，德国的博物馆岛、英国的维多利亚与阿尔伯特博物馆、美国的大都会艺术博物馆等等博物馆界的"航母"，都是在当时启航的。

我们中国皇家收藏自古便极为丰厚，到了乾隆时期已经登峰造极，历代民间也同样有收藏大家，但要论及现代意义上向公众开放的博物馆，中国就真是晚辈了。等到我们的有识之士意识到要通过博物馆保护历史文化遗产，并且传播知识教化民众，时间已经到了风雨飘摇的二十世纪初。

在经历了甲午战争失败、八国联军入侵等一系列家国存亡的事件后，中国急迫地需要全新的变革，无论是实体上的还是精神上的，所以，在这个历史节点之上，创建新式的博物馆显得极有必要而且格外紧迫，而博物馆的目标，自然也不再是收藏，而是教育和救亡。

在晚清，由于国内情势急迫，大兴新学的风气也在二十世纪初越刮越盛，兴建博物馆便是其中一项重要举措。从1901年开始，便有袁世凯、管学大臣、广西巡抚、四川总督等人纷纷上奏请设博物馆。

南通博物苑的创始人张謇

可惜，他们的奏请纵然是紧迫的、热切的，但现实的种种困难最终让它们都只能落在纸面上。或许对于这些人来说还有更加要紧的事，所以兴建博物馆的美好想法，也就成了云烟。

在这些人当中，唯有一位与众不同，他就是光绪二十三年的状元——张謇。

张謇也是从上疏开始的,他在 1905 年呈上了《上南皮相国请京师建设帝国博览馆议》《上学部请设博览馆议》两折,但结果不出意料。

不过,张謇只认准这一件事,他一定要把它做成,所以他并不管什么时机局面,在他那里就只有行动。

想要在全国广泛兴建博物馆,没有皇帝的支持,他做不成,所以他只能以一己之力先在自己的家乡南通做个"小实验"。他在 1905 年创建了博物苑,践行了理想,也树立了典范。从此,中国有了真正意义上的博物馆,一座面向公众、启迪民智的真正的博物馆!

南通博物苑的藏品格外与众不同,除了收藏传统的古董珍玩以外,更重要的藏品是动物标本和草木植物,因为它的宗旨正是"设为庠序学校以教,多识鸟兽草木之名"。

所以,南通博物苑收藏标本的目的不是让人猎奇,也不是为了让人膜拜,甚至不是为了所谓的娱悦身心,它的目的单纯又直接——教育!在那个年代,这是头

现在的南通博物苑　　　　　　　　　　（董文革 / FOTOE）

过去的南通博物苑

等要紧的事！当然，这也是博物馆迄今最重要的功能之一。

在南通博物苑的率先垂范之下，很快就有继起之人，据《第一次中国教育年鉴》记载，1911 年至 1921 年，全国已有了博物馆十三座，其中绝大多数博物馆的主题都围绕着教育和科学。

现在，我们没有任何可供统计和研究的数据告诉我们当年南通博物苑的观众当中有多少人通过它认识了世界，在多大程度上获得了新知，或者更甚，有多少

2005 年特种邮票《南通博物苑》

人是因为它的启迪确立了人生的方向，走上了一条新路。

虽然没有数据，但我相信这些事，一定发生过，或许还不少。

按照我们参观博物馆的习惯，都喜欢先了解一下

老式的日本织布机
民国
南通博物苑

"镇馆之宝"。不过，对于南通博物苑来说，它的镇馆之宝有些与众不同，它并不是珍贵精美的艺术品，而是它所秉持的精神和理想——保存文化、教育民众，这不仅是南通博物苑的珍宝，也是所有博物馆真正的永恒的至宝。

南通博物苑内的标本
（ANYFOTO / FOTOE）

现代
苏州博物馆

吴门才子们的风雅逸事

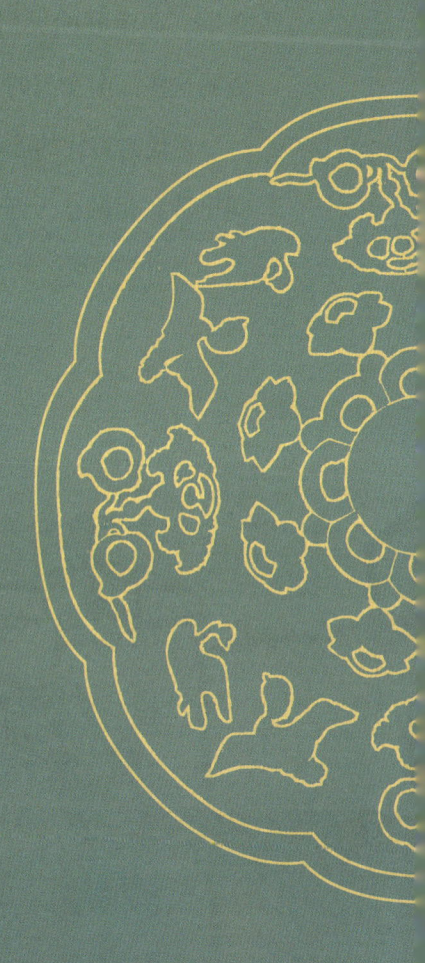

想要理解苏州为何被誉为天堂胜地，不仅要体验这里独绝的风景，更要寻访这里的文化传承流，最好的去处，自然是苏州博物馆。

苏州博物馆的建筑出自祖籍苏州的建筑大师贝聿铭之手，而馆藏的吴门四家书画，又体现着唐伯虎、文徵明这些江南文人的才情。

现代与古代的苏州才子们，在博物馆这个特别的空间里神意相融，为苏州平添着绵延不绝的灵秀。

按常理，一个博物馆之所以吸引观众，不外乎是因为这里的"宝物"数量多、分量足，但苏州博物馆却是个例外。

大家似乎说不出它有什么"镇馆之宝"，不仅如此，大家来到苏州博物馆门口，也都并不急于入场。因为只需站在门前，便已经亲近了这里的"至宝"——博物馆的建筑本身。观众来到一个博物馆不急于看藏品而是看建筑的，除了故宫以外，大概就是苏州博物馆了。

苏州博物馆的旧址是太平天国忠王府，1999年馆方启动了新馆的修建方案，2006年新馆闪亮登场，从此以后，这里就成了苏州的新地标，也成了苏州的游客必到景点。

小桥流水，黛瓦粉墙，吴侬软语，才子风流——这座崭新的博物馆，将苏州的气质展现得淋漓尽致。

苏州博物馆的建筑并不像故宫那样，以厚重的历史和恢宏的气派吸引人。相反，它不隆重、不华丽，线条和色彩都简明到了极致，大片的白墙用浓黑的直线切割成方正的几何图形，清爽利落，一下子把古典苏州的意境拉到了现代的环境中。

当然，苏州博物馆的妙趣和匠心远不止这些。

馆里的中庭是一鉴方塘，眼前是水、石和树，头顶是蓝天和流云，这是我们传统造园的手法。而令人称奇的构思是，塘边围着一轴巨幅"水墨画"。

四面的白墙仿佛是柔软绵厚的宣纸，墙头的灰瓦便是它醒目的边缘，而层叠的石片构成了画上绵延起伏的山川。石片有薄有厚，恰如墨色有淡有浓，线条、皴染，再加上几株矮树增添一点清淡的设色，整个画面更显层次丰富。

小小的方塘又恰好把这"以壁为纸，以石为绘"的画卷倒映在水里，一真一幻的两重世界相互映照，让人生出许多遐思。

设计里还有更让人惊艳的妙笔。

方塘四周有路，观众可以沿路而行，于是这幅山水

因为人迹活动而显得情味十足，这也正合乎我们古人在绘画山水之时追求的"可行可望，可游可居"。

至于帘幕萧疏、漏窗竹影这些苏州园林里的小品，在这里也通过各种令人叫绝的演绎让它们既不脱传统的灵魂，又别具现代的形神。

名气与杰作的诞生并不必然画上等号。贝聿铭能够设计出如此入情入景的建筑，除了他过人的才华和经验，在这背后，还需要情感的浸润。

事实上，正因为贝聿铭的幼年是浸润在苏州烟雨的滋养中，所以这里的一切便成为他脑海里挥之不去的底色。

在苏州，贝氏家族是望族，据考证，他们在元朝末年便迁居于此，并靠行医卖药起家。经过家族的历代经营，到了乾隆年间，贝氏家族已跻身苏州四富之一。

到了民国初年，贝聿铭的祖父贝哉安和贝润生兄弟俩，把贝氏家族的事业推上了更高峰。贝哉安于1915年创办了上海银行，还创办了中国第一家旅行社——新兴旅行社；贝聿铭的叔祖父贝润生名声更盛，他当过全国商联会副会长。

就在贝聿铭出生的那一年，贝润生买下了苏州名园

秘色瓷莲花碗
五代
苏州博物馆

狮子林，这是苏州四大名园之一，也是乾隆下江南时五次"巡幸"的盛景。这次豪举，让幼年的贝聿铭得以在江南名园的私宅里耳濡目染，为他日后成为建筑师埋下了伏笔。

因为对苏州有着深厚而独特的理解，贝聿铭才能把苏州博物馆设计得如此行云流水，以至于重新定义了小桥流水，甚至重新定义了苏州。

在2006年苏州博物馆新馆开馆之际，外宾无一不向贝聿铭致以敬意，而边上的苏州人却只说了一句平常话："老贝，谢谢侬！"

面对这样的惊人手笔，苏州人竟然如此淡定，或许也缘于此地自古多才子，苏州人对此早已波澜不惊。

在明代中期，苏州涌现了一大批誉满海内的才子，并诞生了以诗文著称的"江南四大才子"（文徵明、唐寅、祝允明、徐祯卿）和以绘画闻名的"吴门四家"（沈周、文徵明、唐寅、仇英）。在吴门才子中，唐寅和文徵明是名头最响的两位，而唐寅由于年少成名并且

唐寅《灌木丛篠图轴》
明
苏州博物馆

性格落拓,更成为最闪亮的"明星"。

我们前面看过唐伯虎的故事和画作,这里也藏着他的《灌木丛篠图轴》《观杏图》等等作品,纯熟老到的墨迹里,有一丝倔强挥之不去。这也正是温柔平和的苏州性格里的另一面。

《灌木丛篠图轴》的主题是植物,利落的笔墨绘出一枝枯木,瘦枝屈曲向上,老硬坚劲;旁边则是一块漏透的奇石,傲然挺立。枯木竹石是文人热衷采用的传统题材，以表现胸中的逸气，但唐伯虎的画面笔墨萧疏，更多表现的是孤傲之气。这是他的画面当中不变的基调。

在吴门才子当中，更加德高望重，影响力也更大的是文徵明。文徵明很长寿，加上他的后人及门生众多，文氏的艺术风格得以广为传布。

文徵明书画兼擅，尤工小楷，这种字体本身就是温润稳重的，正像他本人的性情，也更接近苏州的性格底色。

在苏州博物馆里，面对文徵明七十四岁时所作的小楷《琴赋》，观者的心瞬间便能安静下来，耳边也似有泠泠的琴声响起。

想要在苏州博物馆里寻访吴门才子们的遗泽，目光不能局限于书画作品。实际上，博物馆的一个小小的空庭里生长着一株巨大的古紫藤，它是当年文徵明亲手栽种的，被雅称为"文藤"，已有将近五百年的历史。当年细柔的藤蔓早已长成虬枝劲节，每到春日，

"文藤"开花的时候,以黑、白、绿为主调的博物馆里,便平添了一抹浓郁的紫色。

这株紫藤的种子每年经过采摘、晾晒许多道工夫之后限量发行千套,已成为博物馆风雅又热门的文创产品。

这些四下繁衍的文藤幼苗,就像是吴门才子们的精神和灵魂,永远新鲜,常开不败。